Jennifer Leonhardt

Stressmanagement – mit weniger Druck mehr erreichen

Verlagsredaktion:
Erich Schmidt-Dransfeld
Layout und technische Umsetzung:
Verena Hinze, Essen
Umschlaggestaltung:
Gabriele Matzenauer, Berlin
Titelfoto:
Sam Burt Photography / gettyimages®

Informationen über Cornelsen Fachbücher und Zusatzangebote:
www.cornelsen.de/berufskompetenz

1. Auflage

Druck:
H. Heenemann, Berlin

ISBN 978-3-589-24073-9

 Inhalt gedruckt auf säurefreiem Papier aus nachhaltiger Forstwirtschaft.

Inhalt

Vorwort

„Mitten im Winter habe ich erfahren,
dass es in mir einen unbesiegbaren Sommer gibt."
(Albert Camus)

Leistungsdruck, zu viele Termine, Hektik – und dann auch noch immer alles perfekt machen wollen. Wer kennt das nicht? Der Zeitgeist verlangt von uns, immer fit und dynamisch zu sein und jede Mehrfachbelastung mit einem Lächeln auf den Lippen zu meistern. Wir sind stets aufs Neue gefordert und finden dabei kaum Ruhe zur Erholung und zum Nachdenken. Oft sind wir uns dessen nicht einmal bewusst. Wir bemühen uns einfach zu funktionieren und strampeln weiter in unserem „Hamsterrad".

Stress ist laut der Weltgesundheitsorganisation WHO Volkskrankheit Nr. 1 unserer Zeit. Die jährlich veröffentlichten Gesundheitsreporte der großen deutschen Krankenkassen bestätigen diese Aussage durch regelmäßig ansteigende, alarmierende Zahlen. Warum ist das so? Und was kann jeder von uns tun, um sich vor Stress zu schützen und den Herausforderungen des Lebens kraftvoll zu begegnen?

Als ich vor vielen Jahren begann, mich mit diesen Fragen zu beschäftigen, stellte ich fest, dass es in den meisten Fällen nicht die äußeren Umstände sind, die einen Menschen unglücklich, überfordert oder kraftlos machen – zumindest nicht über einen längeren Zeitraum. Es muss also etwas mit dem Menschen selbst zu tun haben. Warum sonst begegnen uns immer wieder Menschen, die aus schweren Krisen gestärkt hervorgehen oder ein anscheinend sehr stressreiches Leben führen und trotzdem so viel Gelassenheit und Kraft ausstrahlen? Und wie können wir lernen, an den kleinen und großen Herausforderungen unseres Lebens zu wachsen, innerlich gelassener, stärker und widerstandsfähiger zu werden?

Dieses Buch möchte Ihnen Antworten auf diese Fragen geben. Die Inhalte basieren auf aktuellen wissenschaftlichen Ergebnissen aus Stressforschung, Psychologie und Neurophysiologie sowie auf den Erkenntnissen aus meiner langjährigen Praxis in unterschiedlichen Entspannungstechniken. In zwölf Jahren Personalarbeit, besonders in den letzten Jahren als Personalleiterin in internationalen Konzernen, habe ich viel über das Phänomen „Stress" gelernt – einerseits durch die immer häufiger auftretenden stressbedingten Symptome der Mitarbeiter, für die ich verantwortlich war, und andererseits durch die Erfahrungen, die ich selbst mit Stress und dessen Auswirkungen gemacht habe.

Seit fast zehn Jahren beschäftige ich mich nun intensiv mit dem Thema Stress, seit einigen Jahren arbeite ich hauptberuflich als Beraterin und Trainerin mit meinen Klienten an der Stärkung ihrer Stressresistenz. All das Wissen über Stress, über die eigenen Muster und Reaktionen führt nicht dazu, dass ich heute völlig stressfrei lebe, sozusagen in dauerhafter Ruhe und Gelassenheit. Das ist auch nicht das Ziel eines erfolgreichen Stressmanagements. Anspannung gehört genauso zum Leben wie Entspannung. Es geht um die richtige Balance und darum, frühzeitig zu erkennen, wenn sich ein „Zuviel" ankündigt. Denn nur, wenn Sie Ihre Frühwarnsignale rechtzeitig wahrnehmen, können Sie wirksam darauf reagieren, um schnell wieder in Ihre Kraft zu kommen. Um meinen Klienten diesen Weg zu vermitteln, habe ich die „Stress-Radar®-Programme" entwickelt, mit deren Hilfe bereits viele Menschen gelernt haben, den Anforderungen ihres beruflichen und privaten Lebens neu zu begegnen und sich von innen heraus selbst zu stärken.

Das vor Ihnen liegende Buch fasst die wichtigsten Kenntnisse und Erfahrungen aus dieser Arbeit zusammen. So werden Sie detaillierte Erklärungen und Hintergründe zum Phänomen „Stress" finden, genauso wie wichtige Anregungen zur Reflexion über Ihren Umgang mit Stress und viele Übungen zur Stressbewältigung. Zusätzlich erfahren Sie, wie Sie Ihre Stressresistenz und damit Ihre innere Anti-Stress-Kraft nachhaltig stärken können. So finden Sie zurück zu innerer Stabilität und Gelassenheit und sind in der Lage, Anspannung in Spannung, Spannung in Kraft und Kraft in Leistungsfähigkeit umzuwandeln.

Für wen habe ich dieses Buch geschrieben?

Dieses Buch richtet sich an alle Menschen, die in dieser extrem beschleunigten und vernetzten Welt ihre innere Stabilität stärken wollen, um somit das, was sie tun, mit weniger Druck und dadurch noch besser tun zu können. Das Buch beinhaltet neben wissenschaftlichen Erklärungen auch Tests, die Ihnen helfen, sich selbst und Ihre wahren Stressauslöser besser einzuschätzen. In mehreren Abschnitten finden Sie eine große Auswahl vielfältiger Übungen, Tipps und Tricks für Ihre direkte Entlastung in Stresssituationen genauso wie Bewältigungsstrategien für die langfristige und nachhaltige Stärkung Ihrer persönlichen Stressresistenz.

Als ehemalige Personalleiterin möchte ich dieses Buch auch den Kolleginnen und Kollegen aus dem Personalbereich ans Herz legen. Sie sind oft die ersten in Ihrem Unternehmen, an die sich Mitarbeiter und Führungskräfte wenden, wenn sie unter stressbedingten Symptomen leiden. Diese Lektüre kann Sie dabei unterstützen, psychische Überlastungen von Einzelnen oder Teams frühzeitig zu erkennen und lösungsorientiert zu reagieren. Und nicht zuletzt gibt das Lesen Ihnen vielleicht Anregungen für neue, wichtige Inhalte der Personalentwicklung. Wenn Sie dabei Unterstützung brauchen, stehe ich Ihnen gerne mit Rat und Tat zur Seite.

Als dritte Zielgruppe möchte ich meine Trainerkolleginnen und -kollegen ansprechen. Das vor Ihnen liegende Buch ist zwar kein Trainerleitfaden. Doch vermittelt es Ihnen umfangreiches Hintergrundwissen sowie vielfältige Übungssequenzen, die Sie als Grundlage für die Konzeption eigener Trainings im Bereich Stressmanagement nutzen können.

Verstehen Sie dieses Buch als Angebot, Ihre inneren Haltungen im Hinblick auf Ihren Umgang mit Stress zu hinterfragen. Probieren Sie möglichst viele der folgenden Übungen aus und finden Sie heraus, welche für Sie am wirkungsvollsten sind und Ihnen Spaß machen. Entwickeln Sie so aus diesem Angebot und Ihren Erfahrungen Ihren ganz persönlichen StressRadar® als Navigationshilfe durch Ihre Stresszonen.

Jetzt wünsche ich Ihnen eine spannende Entdeckungsreise auf Ihrem Weg zu höherer Stressresistenz – auf dass Sie in Zukunft mit weniger Druck mehr erreichen!

Ihre Jennifer Leonhardt

1 Einleitung

1.1 Definitionen und Abgrenzung

„Stress" ist seit vielen Jahren ein häufig gebrauchtes Schlagwort in unserer Umgangssprache. Alle klagen über Stress – egal in welcher Lebenssituation sie sind. Selbst Kinder fühlen sich heute durch die an sie gestellten Anforderungen häufig „gestresst". Dabei versteht unter Stress zwar jeder eine bestimmte Form der Überlastung, erlebt diese aber durch oft sehr unterschiedliche Symptome.

Stress

Der Begriff „Stress" (engl. stress = Druck, Anspannung) wurde ursprünglich im Bereich der Qualitätsprüfung von Materialien wie Glas und Metallen verwendet und bedeutete Verzerrung, Verbiegung, Spannung eines Werkstoffes. Ab einem bestimmten Punkt „ermüdet" das Material – es kommt entweder zu einer Verformung oder das Material bricht auseinander. Der in Wien geborene Mediziner Hans Selye führte als einer der Pioniere der Stressforschung den Begriff bereits in den 30er-Jahren des letzten Jahrhunderts in die Biologie ein. Er bezeichnete Stress als eine „allgemeine Anpassungsreaktion".

Das Stresssyndrom besteht laut Selye aus drei Phasen:
→ Phase 1: Alarmreaktion. Der Körper reagiert auf einen störenden Reiz (wie Hitze, Lärm oder eine Infektion), indem er die ihm zur Verfügung stehenden Abwehrkräfte einsatzbereit stellt.
→ Phase 2: Widerstandsstadium. Der Körper nimmt den Kampf mit dem Störfaktor auf, indem er Wirkstoffe produziert, die den Angreifer mattsetzen sollen.
→ Phase 3: Erschöpfungsstadium. Die Abwehrmechanismen brechen wegen Überlastung zusammen, wenn der Körper sich zu lange mit den Anpassungsversuchen, d.h. der Abwehr des Störfaktors, beschäftigen muss. Die Widerstandsfähigkeit sinkt und zieht die Gefahr von Anpassungskrankheiten nach sich.

Der Psychologe Arnold Lazarus entwickelte in den 1970er-Jahren diesen Gedankenansatz weiter und bezog erstmals subjektiv-kognitive Bewertungen von Situationen in die Betrachtungen über Stress mit ein. In seinem Transaktionalen Stressmodell untersuchte er die Denkmuster eines Menschen als Auslöser für Stress und erkannte unterschiedliche Stressbewältigungsstrategien, nämlich die problemzentrierte und die emotionsbezogene Stressbewältigungsstrategie. Bei ersterer versucht der Mensch, das Problem bzw. den Stressor zu verändern, bei der emotionsbezogenen Strategie wird das eigene Stressempfinden verändert, ohne den Stressor selbst zu beeinflussen. Hierfür erkannte Lazarus schon damals die drei Ebenen, auf denen sich die Stressreaktionen abspielen und auf denen wir Stress bei uns selbst bewältigen können – die Körper-, Gedanken- und Gefühlsebene.

Nur einige Jahre später, 1979, interessierte sich der Soziologe Aaron Antonowsky als Begründer der Salutogenese nicht mehr für die Frage, was Menschen gestresst und krank macht, sondern was sie auch in Zeiten hoher Belastung gesund hält. Als schützenden Faktor beschrieb er eine anhaltende, zuversichtliche und vertrauensvolle Grundhaltung der Welt und dem Leben gegenüber. Seine Studien zählen zu den Pionierarbeiten für die Resilienzforschung, deren Ergebnisse die heutige Stressforschung stark mitbestimmen. Im Kapitel 6 „Resistenter werden" finden Sie sowohl Hintergründe zu diesem wichtigen Teil der Stressforschung sowie Erklärungen und Übungen, wie Sie selbst lernen können, sich besser vor stressbedingten Überlastungen und Krisen zu schützen.

Lange Zeit hat sich die Stressforschung auf akuten Stress und seine Wirkung auf den Organismus konzentriert. Unter akutem Stress wird eine kurzfristige Stressbelastung verstanden, auf die eine natürliche körperliche und psychische Anpassungsreaktion folgt. Wird der akute Stress durch eine Phase der Entlastung abgelöst, dann ist Stress durchaus gesund. Dabei wirkt sich die Art und Dauer der Stressphase auf die notwendige Beschaffenheit der Erholungsphase aus. Je länger und intensiver die Stressphase, desto länger brauchen wir auch, bis wir uns davon erholt haben und wieder motiviert und leistungsfähig in die nächste Anspannung gehen können. Entscheidend ist also, dass Anspannung und Entspannung sich in einem regelmäßigen Rhythmus abwechseln und dass man sich der Anforderung der „stressigen" Situation gewachsen fühlt. Dann trainieren wir sozusagen unseren „Stress-Muskel" zu einer höheren Leistungsfähigkeit. Wir können an den Aufgaben wachsen und mehr Selbstvertrauen entwickeln.

GANZ ALLGEMEIN KANN STRESS ALS INDIVIDUELL ERLEBTES ÜBERMASS AN BELASTUNG BESCHRIEBEN WERDEN.

Fühlen wir uns im Stress, kennzeichnet das vor allem ein Ungleichgewicht zwischen den Anforderungen und unseren Möglichkeiten, diese zu bewältigen. Diesen Widerspruch erleben wir als unangenehm, er löst negative Emotionen wie Angst, innere Anspannung oder Hilflosigkeit aus.

Disstress und Eustress

Die Stressforschung unterscheidet zwischen negativem und positivem Stress. Wenn wir davon sprechen, dass wir „gestresst sind" und uns dabei zerschlagen und unausgeglichen fühlen, dann meinen wir den negativen Stress – also Disstress (lat. dis = schlecht). Bei Disstress erleben wir die Anforderungen bzw. die Situation, in der wir uns befinden, als zu viel, zu schwer – als überlastend. Der Disstress bremst uns, zieht uns Energie ab und ist oft begleitet von dem Gefühl, fremdbestimmt und ausgeliefert zu sein, es einfach nicht zu schaffen.

Den positiven Stress, Eustress (lat. eu = gut), empfinden wir dann, wenn ein Ereignis als angenehm oder lustvoll erlebt wird. Das Ereignis stellt eine Herausforderung dar, die wir als machbar bewerten. Das neue Projekt, das wir erstmalig selbst leiten dürfen, oder der Berggipfel, der zwar weit weg ist und hoch oben, uns aber doch mit dem Selbstvertrauen aufsteigen lässt, dass wir das schon schaffen werden. Eustress spornt uns zu Höchstleistungen an, er verleiht uns Flügel. Mut, Kraft, Ausdauer, Konzentration und Schnelligkeit werden massiv gesteigert. Wir geben „alles" und wir bekommen „alles". So kann auch beruflicher Druck als Eustress empfunden werden.

Aber Stress macht mich doch erst so richtig gut!

„Erst wenn ich ordentlich gefordert werde, wenn ich ans Äußerste gehen muss, bin ich richtig gut", so denken viele. Und wie eben beschrieben, ist da auch etwas Wahres dran. Zumindest wenn der Stress in dieser Situation als Eustress erlebt wird, da sich das „Äußerste" eben doch auf Anforderungen bezieht, die ich aufgrund meiner Fähigkeiten glaube, bewältigen zu können. Aber Achtung – auch Eustress bedeutet Spannung und kein Körper dieser Welt kann ewig unter Spannung stehen. Auch hier sind Phasen der Entspannung nötig, um langfristig stabil und kraftvoll zu bleiben. Fehlt der Ausgleich, kann auch der positive Stress schnell ins Gegenteil umschlagen und hat dann dieselben Auswirkungen wie die negative Form von Stress. Leistungssportler sprechen davon, dass ein Muskel „zumacht", wenn er überlastet ist. Sie wissen dann genau, dass sie den Muskel sofort entlasten müssen, um ernsthafte Verletzungen zu vermeiden. Genauso sollte auch Ihr „Stress-Muskel" Phasen des Trainings (d.h. der Anspannung) und Phasen der Entspannung durchleben, um stark und kräftig zu werden.

Flow und Entropie

Wenn man sich in Situationen von Eustress befindet, stehen der Grad der Herausforderung und der Grad der eigenen Fähigkeiten, die man zur Bewältigung der Aufgabe benötigt, in einem zumindest annähernd proportionalen Verhältnis. Der amerikanische Psychologe und Glücksforscher Mihaly Csikszentmihalyi bezeichnet den Zustand, in dem man in einer herausfordernden, aber interessanten und befriedigenden Aufgabe aufgeht, als Flow. Wir alle kennen die Momente, in denen wir in hoher Konzentration die Welt um uns herum vergessen, nicht wissen, wie lange wir schon an der Aufgabe arbeiten, dies auch keine Rolle spielt und wir sozusagen mit der Aufgabe verschmelzen. Stress haben wir in diesem Moment genau in dem Maße, der notwendig ist, um die für die Lösung der Aufgabe notwendigen Ressourcen abzurufen – nicht mehr und nicht weniger. Zusätzlichen Stress von innen machen wir uns keinen. Wir glauben an unsere Fähigkeiten, an einen guten Ausgang. Das sind die Momente, in denen wir große Ergebnisse erreichen können, größer als wir sie für möglich gehalten hätten. Das ist Flow. Wir können in diesen Situationen unsere Aufmerksamkeit frei lenken und sie dafür einsetzen, das angestrebte Ziel zu erreichen. Es gibt keinen Grund zur Sorge, keine innere Unordnung. Unsere Einstellung zu uns und dem Leben ist. „Alles ist in Ordnung". Diese positive Rückmeldung stärkt das Selbstvertrauen und setzt weitere Kraft und Aufmerksamkeit frei. Läufer kennen diesen Zustand als „Runner's High". Csikszentmihalyi beschreibt dieses Flow-Erlebnis als Glück oder auch als „Ordnung im Bewusstsein".

Die innere Ordnung der Gedanken und Gefühle schwindet dann, wenn eine Situation – vor allem über einen längeren Zeitraum – als Überforderung (oder auch als Unterforderung) erlebt wird. Man wird unkonzentriert, es entstehen Gefühle von Gereiztheit, Ausweglosigkeit, Angst oder auch Langeweile. Diese Gefühle zwingen die Aufmerksamkeit, sich auf unerwünschte Objekte zu richten, man ist dann nicht mehr frei, sie zielgerichtet und nach Vorliebe einzusetzen. Diese „Unordnung des Bewusstseins" bezeichnet Czikszentmihalyi als psychische Entropie.

> Stellen Sie sich Ihren typischen Arbeitsalltag vor. Am Morgen auf dem Weg zur Arbeit machen Sie sich vielleicht schon im Kopf einen Plan über die Dinge, die Sie heute als Erstes erledigen wollen. Dann kommen Sie ins Büro. Ihr E-Mail-Posteingang ist voll mit neuen Anfragen, die dringend beantwortet werden wollen. Gleichzeitig läutet das Telefon, Ihr Chef wartet verärgert auf eine Ausarbeitung, der Kollege ist krank und heute Abend müssen Sie auch noch pünktlich gehen, da Sie zum Elternabend wollen. Sie wissen gar nicht mehr, was Sie zuerst tun sollen, der schöne Plan von heute Morgen ist nicht mehr aktuell. Alles stürzt gleichzeitig auf Sie ein. Diese Prozesse bilden sich im Denken und Fühlen als ein wirres Geflecht von Satzfetzen und Denkansätzen ab. Sie jagen immer weiter durch das Gehirn, solange die betreffende Tätigkeit nicht abgeschlossen ist. Konzentration und klares Denken sind kaum möglich. Fehler häufen sich. Das ist Entropie – Ihr Bewusstsein ist in „Unordnung".

Das innere Erleben von Flow und Entropie ist dabei nicht nur von objektiv messbaren Kriterien abhängig, sondern vor allem auch von der subjektiven Bewertung der Situation – also von unseren Erwartungen an uns selbst (vgl. Antreiber-Konzept, Kapitel 4.1) oder auch von unseren gefühlt vorhandenen Fähigkeiten und Ressourcen (Selbsteinschätzung). Wenn Sie bspw. an sich selbst die Erwartung haben, eine bestimmte Aufgabe besonders detailliert und präzise zu erledigen, Sie aber gleichfalls nur wenig Zeit dafür zur Verfügung haben, kann es sein, dass Sie diese Aufgabe als Überforderung erleben. Wohingegen niedrigere Erwartungen an Präzision und Detaillierungsgrad Ihrer Arbeit bei der gegebenen Menge an Zeit zu einem Flow-Erlebnis führen könnten.

Gleichzeitig kann ein Flow-Erlebnis sehr labil sein, schon weil die erlebte Flow-Herausforderung an einer feinen Grenze zur Überforderung oder Disstress einerseits und zur Unterforderung oder Langeweile andererseits liegt. Bspw. konnte in psychologischen

Studien zum Phänomen „Flow" beobachtet werden, dass Kletterer, die mit der Verbesserung ihrer Kletterfähigkeiten im Laufe der Zeit immer weniger Herausforderung bei der Bewältigung eines bestimmten Parcours empfanden, im gleichen Maße auch immer weniger Flow beim Klettern erlebten. Die Kletterer begannen sich zu langweilen. Erst wenn die Schwierigkeiten des Parcours wieder genau an die Grenze zum Gerade-noch-Machbaren gebracht wurden, stieg das Flow-Erlebnis wieder an. War die durch den Parcours gestellte Aufgabe allerdings zu schwer, blockierte der Disstress sämtlichen Genuss beim Klettern und die Angst dominierte.

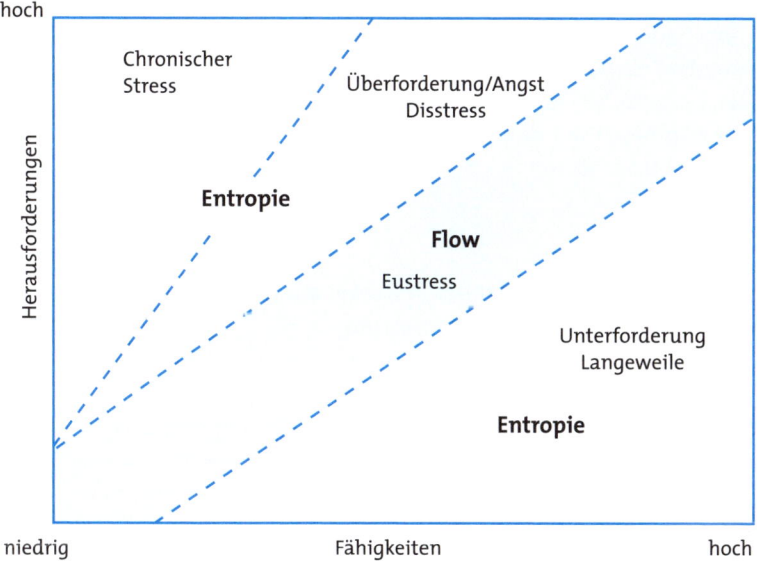

Das Flow-Modell (in Anlehnung an Mihaly Csikszentmihalyi)

Chronischer Stress

Leichter, zeitlich begrenzter Stress führt dazu, dass Körper und Geist für die Bewältigung von Herausforderungen, Problemen und Gefahren gewappnet sind. Hoher Stress kann kurzfristig zur Freisetzung „ungeahnter Kräfte" führen. Eine langfristig hohe Stressbelastung hingegen hat definitiv negative Auswirkungen auf Ihre Gesundheit. Hier sprechen wir vom chronischen Stress.

BEI CHRONISCHEM STRESS HANDELT ES SICH UM EINEN ANDAUERNDEN ZUSTAND KONTINUIERLICHER ERREGUNG MIT SUBJEKTIVEM ERLEBEN VON STARKEM STRESS.

Auf Basis des Stresskonzepts von Hans Selye bedeutet das, dass immer neue Alarmreaktionen aufeinander folgen, bevor die Erschöpfungsphase abgeschlossen und die Erholungsphase eingetreten ist.

Betrachten wir nochmals den oben beschriebenen typischen Arbeitstag:

Bevor Sie den aufgebrachten Chef beruhigen, die Masse der Anfragen abgearbeitet haben können, brechen schon wieder neue Ereignisse auf Sie ein – jedes Mal an der Grenze Ihrer Fähigkeiten in Relation zu der Herausforderung und der Erwartung an Schnelligkeit und Perfektion.

Der Körper schüttet immer wieder neue Stresshormone aus, die nicht schnell genug wieder abgebaut werden können. Das Fass läuft also sozusagen über. Dies führt zu fortwährender Frustration und zu einem Raubbau an den eigenen Energiereserven im Körper. Chronischer Stress zeigt seine Wirkung typischerweise nicht sofort. Die Betroffenen kommen mit den Stress auslösenden Situationen erst nach und nach schlechter zurecht und werden mit der Zeit immer nervöser, reizbarer und unzufriedener.

CHRONISCHER STRESS GEFÄHRDET ALSO ERST MITTEL- UND LANGFRISTIG IHRE KÖRPERLICHE UND SEELISCHE GESUNDHEIT.

Es wird immer wieder Phasen in Ihrem Leben geben, in denen Sie auch für einen etwas längeren Zeitraum Stress ganz bewusst in Kauf nehmen. Wichtig ist, dass Sie die Frühwarnsignale Ihres Körpers kennen lernen, um so die Zeichen von „zu viel" zu verstehen, und damit die Möglichkeit haben, für Ausgleich zu sorgen.

Stellen Sie sich Ihr Auto vor, dass Sie ständig mit „Bleifuß" fahren. Der Motor wird wahrscheinlich bald streiken. Zumindest wird die Lebensdauer Ihres Autos wesentlich niedriger sein als die eines „normal" gefahrenen Fahrzeugs. Ist Ihnen die Reaktionsweise Ihres Autos vertraut, werden Sie schon an den Motorgeräuschen, am eventuellen Klappern der Fensterscheiben oder am Dröhnen des Auspuffs merken, wenn Sie Ihr Fahrzeug überfordern. So können Sie bewusst entscheiden, ob Sie Ihr Auto weiterhin mit „Bleifuß" fahren oder Sie lieber dessen Motor schonen.

Menschen sind komplexer als Autos. Nicht jeder Mensch reagiert mit denselben Symptomen auf Überforderung. Beobachten Sie sich gut und finden Sie heraus, welches Ihre Frühwarnsignale sind, um frühzeitig „auf die Bremse zu treten" oder die Überlastung zumindest als bewusste Entscheidung in Kauf nehmen zu können.

Hier sind einige Beispiele für erste Anzeichen mangelnder Erholungsphasen, die Ihnen bei einer ersten Analyse Ihrer für Sie typischen Frühindikatoren helfen können:

→ Gestörter Wach-Schlaf-Rhythmus
→ Geschwächtes Immunsystem und damit erhöhte Krankheitsanfälligkeit

- → Blutdruckabweichungen
- → Diffuse Kopfschmerzen und Verspannungen, vor allem im Schulter-Nacken-Bereich
- → Eingeengte Wahrnehmung (Tunnelblick)
- → Emotionale Instabilität (Gereiztheit, Frustration, unbegründete Traurigkeit)
- → Zunahme von Fehlern
- → Kommunikationsstörungen, vermehrte Missverständnisse
- → Nächtliches Zähneknirschen, Kieferverspannungen
- → Reduzierte Regenerationsfähigkeit bzw. längere Regenerationszeiten

Wie Sie Ihre heute vielleicht noch eher „versteckten" Stress auslösenden Frühwarnsignale frühzeitig und bewusst wahrnehmen können, lernen Sie in Kapitel 4 „Diagnose der Stressmuster".

Burnout

Ausgebrannt sein (engl. to burn out = ausbrennen) bezeichnet einen besonderen Fall andauernder psychischer Überlastung. Erstmalig verwendete der deutsch-amerikanische Psychoanalytiker Herbert Freudenberger 1974 den Begriff.

> AUSBRENNEN IST GRUNDSÄTZLICH IN JEDEM BERUF, AN JEDEM ARBEITSPLATZ UND IN JEDER LEBENSSITUATION MÖGLICH.

Burnout ist keine plötzliche Krankheit, sondern der Endzustand eines schleichenden Prozesses, in dem sich ein ursprünglich hoch engagierter Mitarbeiter als Reaktion auf eine empfundene übermäßige Belastung von seiner Arbeit und meist auch von seinem sozialen Umfeld zurückzieht. Die einzelnen Phasen sind dem Betroffenen selbst oft gar nicht bewusst. Diese Entwicklung kann mit idealistischer Begeisterung beginnen und über frustrierende Erlebnisse bis hin zu Depressionen, Angstzuständen, chronischer Erschöpfung, erhöhter Suchtgefahr und anderen Krankheiten führen. Am Ende des Prozesses können viele Organe mit Symptomen eingebunden sein, am häufigsten betroffen sind das Herz-Kreislauf-System, der Rücken, das Immunsystem, das Innenohr sowie das psychische Erleben.

Herbert Freudenberger und seine Kollegin Gail North unterteilen den Prozess der Erkrankung in zwölf Phasen, die jedoch nicht alle und auch nicht in genau dieser Reihenfolge ablaufen müssen.

Die Phasen des Burnout-Syndroms (Diagramm und Daten nach Freudenberger, North)

Stressmanagement

Umfassendes Stressmanagement beinhaltet Kenntnisse und Fähigkeiten darüber, wie Sie sich in Phasen großer Anspannung schnell und direkt wieder entspannen können. Gleichzeitig zielt eine ganzheitliche Herangehensweise auf die dauerhafte Stabilisierung Ihrer Persönlichkeit, damit Situationen, die Sie heute als „stressig" empfinden, Sie in Zukunft immer weniger belasten. Dafür ist es notwendig, Ihre Denk- und Handlungsmuster im Hinblick auf Ihre Stressresistenz zu analysieren und neue, stärkende Gewohnheiten in Ihr Leben zu integrieren.

STRESSMANAGEMENT HEISST ALSO, DIE INNEREN STRESSPROZESSE ZU VERSTE-HEN, SEINE EIGENEN STRESS AUSLÖSENDEN DENK- UND HANDLUNGSMUSTER ALS DIE WAHREN STRESSOREN ZU ERKENNEN UND DIESE DURCH GEEIGNETE TECHNIKEN UND STRATEGIEN ZU BEWÄLTIGEN.

Um Menschen auf diesem Weg zu unterstützen, sind die StressRadar®-Programme entwickelt worden. Aus den Erfahrungen dieser Programme leitet sich der rote Faden für dieses Buch ab.

1.2 Wie ist dieses Buch aufgebaut?

Dieses Buch lesen Sie am besten von vorne nach hinten. Es gibt viele Nachschlagewer-ke, in denen Sie durchaus auch mittendrin oder am Ende anfangen können. Die Inhal-te der vor Ihnen liegenden Lektüre hingegen bauen logisch aufeinander auf. Mit die-sem Buch möchte ich Sie mitnehmen auf die spannende Reise, das Phänomen „Stress" zu verstehen, sich selbst und Ihre wahren Stressmuster besser kennen zu lernen und Ihren persönlichen, gesunden Weg durch Ihre Stresszonen zu finden. Damit Sie in Zukunft gelassener, kraftvoller und mit freier Entscheidungs- und Handlungsfähig-keit, die an Sie gestellten Anforderungen in Ihrem Leben meistern können.

Nach diesem Einleitungsteil beschreibt das zweite Kapitel „Regeln verstehen" zu-nächst, welcher innere Prozess bei Stress in Ihrem Körper stattfindet. Warum haben Menschen eigentlich Stress und wo kommen die Stresssymptome her? Sie werden erkennen, dass Sie in stressigen Situationen nicht nur auf einer, sondern in der Regel auf allen drei Stressreaktionsebenen (Gedankenebene, Gefühlsebene und Körperebe-ne) reagieren und sich diese Ebenen gegenseitig beeinflussen. So erhalten Sie ein erstes Verständnis dafür, an welchen Punkten Sie ansetzen können, um Ihren Stress zu reduzieren.

Der Ausgangspunkt liegt im Gehirn! Denn Ihre Gedanken sind der zentrale Auslöser für Ihren Stress. Die „Anatomie der Gedanken" im dritten Kapitel beschreibt, was ge-nau Ihre persönliche Weltsicht, Ihre Werte und Einstellungen mit dem Thema Stress zu tun haben. Sie werden verstehen, dass Sie nicht einfach „so sind, wie Sie eben sind", sondern dass Sie Teile Ihrer Einstellungen und Haltungen ändern können – wenn Sie es wollen – hin zu einer stressresistenteren Persönlichkeit.

Das vierte Kapitel ist der „Diagnose der Stressmuster" gewidmet. Menschen nehmen das, was ihnen passiert, unterschiedlich wahr, sie „konstruieren" ihre Wirklichkeit. Unsere Wahrnehmung ist unter anderem stark durch unsere Erwartungen an uns und andere geprägt. Und hier liegen auch unsere wahren Stressauslöser. In diesem Kapitel erfahren Sie Grundlegendes über Ihre persönliche Wahrnehmung sowie Ihre daraus resultierenden Stressmuster. Darüber hinaus lernen Sie, wie Sie Ihre Stresswarnsignale frühzeitig wahrnehmen, und so schnell und wirksam darauf reagieren können.

Wenn Sie Ihre Stressmuster kennen, ist der nächste Schritt, Ihren persönlichen Weg zum Stressausgleich zu finden. In Kapitel 5 „Ausgleich schaffen" finden Sie viele Hinweise und Übungen zu den Bereichen Bewegung, Ernährung, Entspannung und Stärkung von Körper, Geist und Seele. Sie lernen, wie Sie „Ihren Rücken stärken" gegen Stress, warum Bewegung und Entspannung als Stressausgleich wichtig sind und wie Sie diese leicht in Ihr Leben integrieren können. Gleichzeitig finden Sie in diesem Kapitel Übungen zum Stressausgleich in Ihren Gedanken, lernen die wichtigsten Stressförderer kennen und wie Sie diese vermeiden können, und bekommen Hinweise zur Entschleunigung Ihres Arbeitsalltags sowie viele SOS-Tipps für Büro, zu Hause und unterwegs.

Um wirklich dauerhaft und nachhaltig eine höhere Stressresistenz aufzubauen, müssen Sie noch einen Schritt weiter gehen. Erkennen Sie im sechsten Kapitel „Resistenter werden", welche Faktoren Ihre Stressresistenz bestimmen und wie sie Ihren Stress-Schutz-Faktor erhöhen können. Lernen Sie, wie Sie Ihre so genannten „inneren Antreiber" ausbalancieren und Ihre Wirklichkeit dadurch stressfreier wahrnehmen können. Erfahren Sie, was Resilienz ist, und entdecken Sie Ihre inneren Ressourcen zu einer höheren Resilienzkraft. Lernen Sie auch, welchen wichtigen Einfluss Achtsamkeit und Meditation auf Ihre Gelassenheit und innere Kraft haben können. Entwickeln Sie auf Basis all dieser Anregungen neue, stärkende Denk- und Handlungsmuster hin zu mehr persönlicher Stressresistenz. Lernen Sie schließlich, wie Sie sich davor schützen, wieder in alte Muster zurückzufallen, und wie Sie stattdessen Ihre neuen und stärkenden Gewohnheiten nachhaltig in Ihr Leben integrieren.

Kapitel	Überschrift	Inhalte	Stress-management		
Kapitel 2	**R**egeln verstehen	→ Was genau ist Stress? → Wodurch wird Stress ausgelöst? → Wie reagiere ich auf Stress? → Wie funktioniert Stressbewältigung?	V E R S T E H E N		
Kapitel 3	**A**natomie der Gedanken	→ Bin ich so, wie ich bin – oder kann ich mich ändern? → Was macht Stress mit meinem Gehirn? → Welche Rolle spielen meine Gedanken?		E R K E N N E N	
Kapitel 4	**D**iagnose der Stressmuster	→ Wie nehme ich meine Wirklichkeit wahr? → Was sind meine tatsächlichen Stressmuster und was treibt mich an? → Wie erkenne ich meine Stress-Frühwarnsignale?			
Kapitel 5	**A**usgleich schaffen	→ Ein Kapitel voller Übungen, Anti-Stress-Tipps und SOS-Techniken zu den Bereichen Bewegung, Entspannung, Ernährung und Stärkung			B E W Ä L T I G E N
Kapitel 6	**R**esistenz stärken	→ Wie kann ich meine stressfördernden Antreiber ausbalancieren? → Was ist Resilienz und wie kann ich resilienter werden? → Wie stärke ich meine Gedanken? → Wie schaffe ich es, neue und kraftvolle Gewohnheiten nachhaltig in mein Leben zu integrieren?			

2 Regeln verstehen

2.1 Stress – das evolutionäre Überlebensprogramm

Ohne Stress kann der Mensch nicht leben. So, wie wir uns körperlich anstrengen müssen, um Muskeln aufzubauen und somit stark und ausdauernd zu werden, brauchen wir auch psychische Herausforderungen, um unseren Geist zu entwickeln und Neues zu lernen.

> STRESS FÜHRT AUTOMATISCH DAZU, AUF AKUTE GEFAHREN SEHR SCHNELL UND IN KÖRPERLICHER BESTFORM ZU REAGIEREN. STRESS IST ALSO ÜBERLEBENS-WICHTIG.

Schon der Organismus unserer Urahnen in der Savanne Afrikas reagierte unter Stress genauso, wie wir es heute körperlich und psychisch erleben – nur die Anlässe waren andere. Früher waren es vor allem die Gefahren durch wilde Tiere, wie den berühmt-berüchtigten Säbelzahntiger oder das Mammut, die unsere Vorfahren in Angst und Schrecken versetzten. Dann hieß es blitzschnell reagieren – erst einmal in Ruhe Vor- und Nachteile der jeweiligen Handlungsmöglichkeit abzuwägen, hätte die Überlebenschance der Menschheit drastisch verringert. Der Mechanismus, der diese blitzschnelle, automatische Reaktion möglich macht, heißt „Kampf-Flucht-Mechanismus" („fight or flight").

Der moderne Alltag in unserer heutigen Welt stellt dieses biologische Überlebensprogramm auf eine harte Probe. Zeitmangel, Leistungsdruck, Fremdbestimmung, aber auch Angst vor Arbeitslosigkeit oder die Pflege von Angehörigen erzeugen dauerhaften Druck, mit dem die Regelkreise des Körpers nicht mehr fertig werden. Egal ob die angriffslustige Giftschlange oder ein heranrasendes Auto, ob der beängstigende Riesenschatten eines Mammuts oder drei gleichzeitig klingelnde Telefone – das evolutionäre Überlebensprogramm läuft immer nach demselben Muster ab, Körper und Geist schalten auf Alarmzustand.

Wie genau kommt es zu diesem Alarmzustand?

Unser Gehirn besteht im Wesentlichen aus drei Bereichen, die im Laufe der Evolution nacheinander entstanden sind.

Das früheste Gehirn ist das so genannte Reptiliengehirn und besteht aus dem Hirnstamm und dem Kleinhirn. Der Hirnstamm entwickelte sich als ältester Teil des Gehirns schon vor über 500 Millionen Jahren und dient vor allem den grundlegenden Lebensfunktionen wie der Kontrolle des Herzschlages, der Atmung sowie des Wach-Schlaf-Rhythmus. Im Anschluss daran entwickelte sich vor 500–300 Millionen Jahren das Kleinhirn, in dem unsere Koordinationsfähigkeit, die unbewusste Wahrnehmung von Bewegung und Raum sowie die Steuerung unserer Bewegung verankert ist.

Das Mittelhirn, auch limbisches System genannt, entstand vor mindestens 150 Millionen Jahren und ist Sitz unseres autonomen bzw. vegetativen Nervensystems. Von hier aus werden Körper, Geist und Sein gesteuert, ohne dass wir es bewusst wahrnehmen. Man bezeichnet diesen Teil des Gehirns auch als emotionales Gehirn, da es für unser emotionales Verhalten verantwortlich ist. Das limbische System dient zudem unserem Langzeitgedächtnis.

Der jüngste Teil des Gehirns ist gerade mal etwa drei Millionen Jahre alt, der Neokortex bzw. das Großhirn. Dieses schmiegt sich um die beiden zuerst entstandenen Bereiche und birgt unter anderem unsere bewusste Selbstwahrnehmung, den freien Willen, unsere Fähigkeit zur Sprache und zum rationalen Denken – all das, was wir herkömmlich als Bewusstsein und Verstand ansehen.

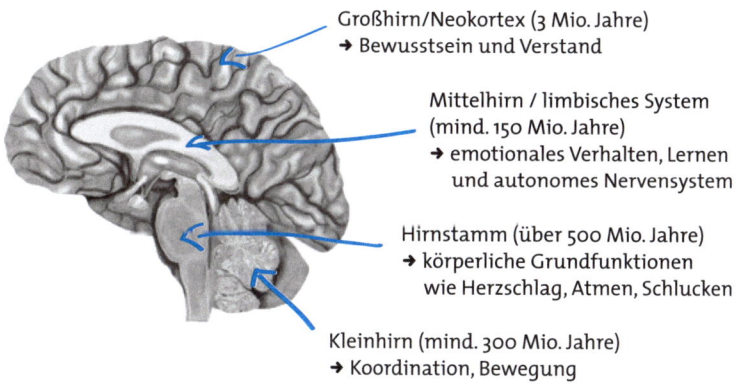

Großhirn/Neokortex (3 Mio. Jahre)
→ Bewusstsein und Verstand

Mittelhirn / limbisches System
(mind. 150 Mio. Jahre)
→ emotionales Verhalten, Lernen
   und autonomes Nervensystem

Hirnstamm (über 500 Mio. Jahre)
→ körperliche Grundfunktionen
   wie Herzschlag, Atmen, Schlucken

Kleinhirn (mind. 300 Mio. Jahre)
→ Koordination, Bewegung

Das Gehirn und seine Teile (Elvira Gerecht, Fotolia.com)

Der Kampf-Flucht-Mechanismus wird von der mitten im limbischen System liegenden, mandelförmigen Amygdala (Mandelkern) ausgelöst. Dabei werden die eingehenden Informationen von der Amygdala nach ihrem Grad der Bedrohung und der emotionalen Bedeutung bewertet, d.h., sie „entscheidet", ob eine Situation für uns gefährlich ist, sie uns Angst macht oder harmlos ist.

Wenn wir bspw. mit unserem Sehsinn eine schlangenartige Struktur am Boden wahrnehmen, dann wird dieser Reiz zunächst vom Auge über den Sehnerv zum Thalamus im limbischen System geschickt (vgl. nachfolgende Abbildung). Der Thalamus integriert unsere Sinneswahrnehmungen und leitet diese Informationen an die entsprechenden Areale im Neokortex weiter. Der Thalamus schickt also nun den visuellen Reiz auf einem etwas längeren Weg an die im Großhirn liegende Sehrinde. Gleichzeitig leitet er denselben Reiz auf einer ungenaueren, aber sehr schnellen „Express-Verbindung" direkt zur Amygdala. In der Amygdala wird binnen Bruchteilen von Sekunden die Bewertung vorgenommen, ob es sich bei dem, was unser Auge wahrgenommen hat, um etwas Gefährliches handelt oder nicht. Im Falle einer Gefahrenmeldung geht der Körper, bevor wir überhaupt den Grund dafür „kennen", d.h. ohne Mitwirken unseres bewussten Verstandes, in Alarmbereitschaft. Erst danach liefert der entsprechende Teil des Großhirns, in unserem Beispiel die Sehrinde, diesen Grund. Sie analysiert die visuelle Information der Augen bewusst und viel genauer als die Amygdala. Wir „wissen" also jetzt, was wir sehen. Kommt das Großhirn zu dem Schluss, dass es sich tatsächlich um eine Gefahr handelt, bestätigt sie dieses der Amygdala und die Angstreaktion hält an, bis die Gefahr gebannt ist. Es kann aber auch sein, dass das Großhirn feststellt, dass es sich bei der schlangenartigen Struktur am Boden nur um einen Schlauch handelt. Dann gibt die Sehrinde diese neue Information als Entwarnung an die Amygdala weiter. Das erleben wir dann als Schrecksekunde, gefolgt von einem entspannenden Gedanken wie bspw. „Ach so, das war nur ein ..." und schon kommt wieder Ruhe ins System.

WIR ZUCKEN ALSO MANCHMAL OHNE GRUND ZUSAMMEN. DOCH FÜR UNSER ÜBERLEBEN IST ES WERTVOLLER, AB UND ZU EINE GEFAHR ZU VIEL ZU SEHEN, ALS EINE ZU ÜBERSEHEN. DIE KOMBINATION DIESER BEIDEN INFORMATIONSWEGE STELLT SICHER, DASS WIR SCHNELL UND PRÄZISE AUF GEFAHREN REAGIEREN.

Das unbewusste Einleiten des Kampf-Flucht-Mechanismus dauert ab der ersten Sinneswahrnehmung maximal 150 Millisekunden. Das bewusste Denken ist viel langsamer als das Unbewusste. Alles, was wir bewusst, d.h. im Großhirn, wahrnehmen, ist schon mindestens 1/3 Sekunde alt. Würden wir erst reagieren, wenn unser Verstand merkt, dass bspw. ein Kind auf die Fahrbahn läuft, wäre unsere Reaktion wahrscheinlich oft zu spät.

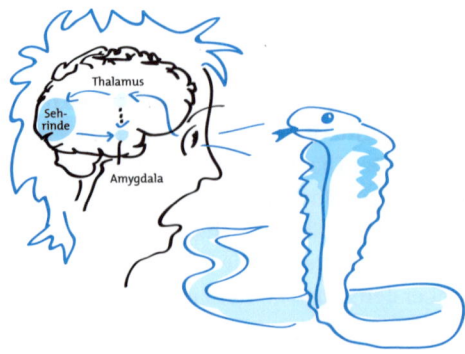

Gibt die Amygdala eine Gefahrenmeldung, werden Körper und Geist in Alarmbereitschaft versetzt – der Sympathikus wird aktiviert. Er ist der anregende Teil des autonomen Nervensystems, das für die unwillkürliche Steuerung der meisten inneren Organe und des Blutkreislaufs verantwortlich ist. Der Kampf-Flucht-Mechanismus wird durch die Situationsbewertung der Amygdala angeworfen.

Der ebenfalls im limbischen System liegende Hypothalamus steuert die innere Chemie des Körpers. Er schüttet Vasopressin und das Corticotropin-Releasing-Hormon (CRH) aus. Diese Alarmstoffe geben der Hypophyse (Hirnanhangdrüse) das Signal, einen weiteren Botenstoff, das adrenokortikotrope Hormon (ACTH) freizusetzen. Über den Blutkreislauf erreicht das ACTH die Adrenalindrüsen in der Nebennierenrinde und regt diese zur Produktion des Stresshormons Cortisol an. Im Nebennierenmark wird zusätzlich Adrenalin gebildet. Diese beiden Stresshormone sind für die meisten in die Stressreaktion eingebundenen Chemikalien verantwortlich. Wird der Stress chronisch, wird im Nebennierenmark zusätzlich Noradrenalin (ein Schwesterhormon des Adrenalins) erzeugt, welches auf direktem Wege mit der Amygdala kommuniziert. Diese „beauftragt" als Folge davon die vermehrte Produktion von CRH – und der Kreislauf beginnt von vorne.

Der Sympathikus löst nun durch die Stresshormone die körperlichen Anzeichen des Kampf-Flucht-Mechanismus aus, mit denen Körper und Geist in ihre maximale Kraft hinsichtlich Kampfbereitschaft bzw. Fluchtstärke gebracht werden:

Das Herz schlägt schneller, Blutdruck und Atemfrequenz steigen, damit der Körper mit mehr Sauerstoff versorgt wird. Die Leber schüttet mehr Zucker ins Blut aus. Dies versorgt Muskeln und Gehirn mit mehr Energie. Die Stresshormone setzen auch das Gehirn in höchste Alarmbereitschaft, die Pupillen weiten sich und die Linse wird klarer, damit wir besser und weiter sehen können.

Gleichzeitig werden mehrere Schutzmechanismen aktiviert: die Schweißbildung wird verstärkt, damit der Körper bei Kampf oder Flucht nicht überhitzt, die Blutgerinnung wird erhöht, damit wir im Falle der Verletzung nicht so schnell verbluten und Morphine werden ins Blut geschwemmt, die uns während der Alarmbereitschaft schmerzunempfindlicher machen. Des Weiteren wird im Körper alles, was wir nicht direkt fürs Überleben benötigen, unterdrückt: Sexualtrieb, Müdigkeit, Hungergefühl, Verdauung und die Immunabwehr.

Diese Schutz- und Unterdrückungsmechanismen erklären, warum wir uns in einer stressigen Situation noch kraftvoll und konzentriert fühlen, danach aber schnell feststellen, dass uns etwas schmerzt oder wir völlig übermüdet sind.

Sinn des Kampf-Flucht-Mechanismus – früher und heute

Der Körper konzentriert sich mit voller Kraft auf das Wesentliche – und das ist auch gut so. Dieser Prozess rettet uns schon seit Millionen von Jahren aus gefährlichen Situationen.

Warum aber macht uns dieses überlebenssichernde Hochleistungsprogramm heute so zu schaffen? Das biologische Stresssystem ist eben nur noch zum Teil in dieser modernen Welt hilfreich, da es in unserer extrem beschleunigten Zeit allzu leicht aktiviert wird. Der Stress-Schalter wird nicht nur dann umgelegt, wenn es um Leben oder Tod geht, sondern auch wenn eine Deadline unabwendbar näher rückt oder wir uns ungerecht behandelt fühlen.

Von uns als bedrohlich empfundene Ereignisse oder Reize, die den Stressmechanismus auslösen, werden Stressoren genannt. Diese Stressoren sind individuell unterschiedlich, nicht jeder Mensch empfindet dieselben Auslöser als belastend. Daher kann grundsätzlich alles Mögliche potenziell ein Stressfaktor sein. Bestimmte Reize werden jedoch von den meisten Menschen als Stress auslösend empfunden.

Beispiele für potentielle Stressfaktoren:

Physikalische Stressoren:	Kälte, Hitze, Lärm, Smog, unzureichende Beleuchtung, chemische Belastungen etc.
Körperliche Stressoren:	Schmerzen, hormonelle Schwankungen, Krankheiten, Schlafmangel, ungünstige Ernährung etc.
Psychische Stressoren:	Mangelndes Selbstvertrauen, Ängste, gefühlte Perspektivlosigkeit, Fremdbestimmung, Gefühl von Sinnlosigkeit etc.
Leistungsbedingte Stressoren:	Termindruck, Leistungsdruck, ständige Erreichbarkeit, Prüfungen, Über- oder Unterforderung, Schichtarbeit, unklare Aufgabenstellungen, unklare Verantwortlichkeiten, unzureichende Informationen, Kommunikationsprobleme, unverständliche Geschäftsabläufe, fehlendes oder unzureichendes Feedback zur eigenen Leistung, häufige Dienstreisen, der morgendliche Berufsverkehr etc.
Soziale Stressoren:	Konflikte, fehlende Wertschätzung, Isolation, Trennung, andauernde Pflege eines kranken Angehörigen, Umstellung der Familiensituation (bspw. durch die Geburt eines Kindes oder den Eintritt eines Partners ins Rentenalter), Unzuverlässigkeit anderer etc.

Verschiedene Stressauslöser können unterschiedlich starke chemische Reaktionen hervorrufen, doch der Ablauf des Kampf-Flucht-Mechanismus als Reaktion darauf ist immer der gleiche. Die Wirksamkeit ist neben Intensität und Dauer des Stressors vor allem auch davon abhängig, wie unsere Vorerfahrungen mit der belastenden Situation sind und als wie bedrohlich wir diese bewerten. In Kapitel 3 werden Sie mehr darüber lernen, inwiefern Ihre Bewertung einer Situation Ihre Stressbelastung beeinflusst.

DIE WIRKSAMSTEN STRESSAUSLÖSER SIND DABEI OFT DIE SITUATIONEN ODER REIZE, AUF DIE WIR – TATSÄCHLICH ODER VERMEINTLICH – KEINEN EINFLUSS HABEN.

Bei unseren Urahnen waren die Stressoren leicht auszumachen. Es handelte sich neben möglichen sozialen Spannungen fast immer um eine Situation, bei der es um Leben oder Tod ging. Der Einfluss dieser Stress auslösenden Situation war beendet, wenn der Gegner im Kampf besiegt oder die Flucht geglückt war. Der Körper konnte die durch den Stressmechanismus zusätzlich gewonnene Energie während dieser Anstrengung verbrauchen und das autonome Nervensystem zur Ruhe kommen.

Heute erleben wir oft eine stressige Situation nach der anderen. Bevor wir die Hektik im Büro „verarbeitet" haben, stehen wir schon im Stau oder ärgern uns über die verpasste Straßenbahn. Dabei werden nicht nur die ausgeschütteten Stresshormone nicht ausreichend abgebaut, sondern es kommen immer neue hinzu. So kann es passieren, dass unser Körper irgendwann in permanente Alarmbereitschaft versetzt wird, der Stress wird chronisch. Dann kann die erhöhte Konzentration von Stresshormonen in unserem Körper Übles anrichten:
Unter anderen chronische Schlafstörungen und Rückenschmerzen, erhöhten Blutdruck, Angstgefühle, nachlassende Konzentrationsfähigkeit bis hin zu Depression und Burnout-Syndrom.

Damit Stress nicht gefährlich wird, braucht unser Organismus Entwarnungssignale, die ihm mitteilen, dass alles in Ordnung ist und keine Gefahr mehr besteht.

ANSPANNUNG UND ENTSPANNUNG MÜSSEN SICH IN GESUNDER REGELMÄSSIGKEIT ABWECHSELN.

Der Sympathikus, als anregender Teil des autonomen Nervensystems, erhöht die nach außen gerichtete Handlungsbereitschaft. Sein Gegenspieler, der Parasympathikus, löst die gegenteiligen Reaktionen in Körper und Geist aus und bringt somit Hormonspiegel und körperliche Funktionen wieder ins Gleichgewicht. Der Parasympathikus wird auch als „Ruhenerv" bezeichnet, er sorgt für Erholung und Entspannung.

Diese Entwarnungssignale können zum Beispiel durch entspannende Erlebnisse in der Freizeit entstehen. Sport baut Stresshormone ab, Entspannungstechniken oder das gemütliche Lesen eines guten Buchs senden Beruhigungssignale ins Gehirn. Aber auch Erfolg im Beruf, das Gefühl von Selbstbestimmung und Sinnerfüllung oder ein solidarisches Gespräch mit einer Kollegin oder einem Kollegen lösen Entwarnungssignale aus und aktivieren den Parasympathikus.

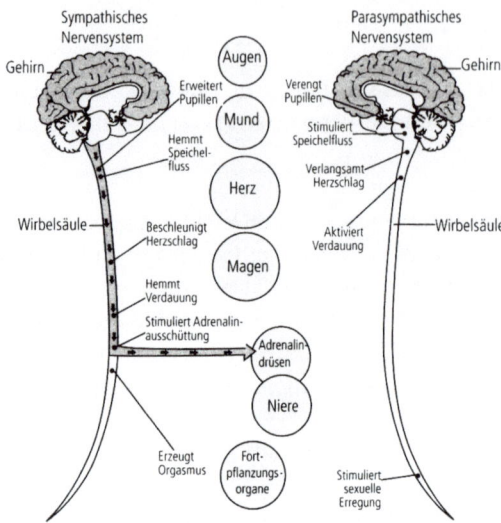

Die Auswirkungen des sympathischen und des parasympathischen Nervensystems auf verschiedene Organe des Körpers (Dispenza, Joe: Schöpfer der Wirklichkeit, Zürich 2010, S. 286)

2.2 Wie reagiere ich auf Stress?

Die unter 2.1 beschriebenen körperlichen Vorgänge des Kampf-Flucht-Mechanismus werden durch das autonome bzw. vegetative Nervensystem gesteuert und laufen automatisch ab. Unser Verstand kann diese nicht willentlich beeinflussen und bekommt daher nicht den Prozess selbst, sondern meist nur seine Auswirkungen bewusst mit.

Wenn ich Teilnehmer meiner Seminare danach frage, woran sie merken, dass Sie gestresst sind, antworten Sie mir mit Beispielen wie „Ich denke, lasst mich doch alle in Ruhe", „Ich bin wütend" oder „Ich habe Herzrasen". Diese Beispiele für die Auswirkungen von Stress weisen auf die drei primären Stressreaktionsebenen hin – die Gedankenebene, die Gefühlsebene und die Körperebene.

In der nächsten Abbildung finden Sie einige typische Stressreaktionen zugeordnet zu den drei Reaktionsebenen.

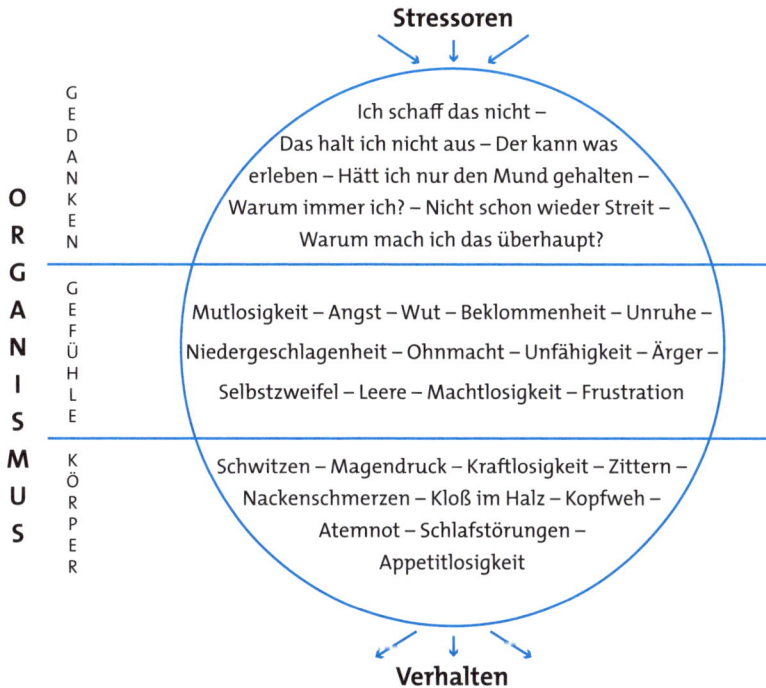

Typische Stressreaktionen auf den drei Ebenen

An Reaktionen wie diesen erkennen wir selbst, wenn die innere Anspannung zu groß wird. Andere Menschen können dies nur an unserem Verhalten merken. Das durch Stress veränderte und von außen erkennbare Verhalten kann als sekundäre Stressreaktionsebene beschrieben werden. Unserem „Stressverhalten" geht aber in aller Regel ein Gedanke, ein Gefühl oder eine körperliche Empfindung voraus. Diese Reize bilden unser inneres Stress-Frühwarnsystem und sind Ursache für das gezeigte Verhalten.

> DIE PRIMÄREN STRESSREAKTIONEN SIND WICHTIGE ANSATZPUNKTE FÜR EINE ZIELGERICHTETE STRESSBEWÄLTIGUNG.

Der „Stressbewältigungsanfänger" bemerkt seine Stressreaktionen oft am leichtesten auf der Köperebene. Jeder von uns hat hier seine eigenen Schwachstellen. So wird bspw. jemand, dem die Dinge leicht „auf den Magen schlagen", eher mit Übelkeit bis hin zu Magenschleimhautentzündungen reagieren. Ein anderer, der zu muskulären Verspannungen neigt, wird evtl. als Erstes Verhärtungen im Schulter-Nacken-Bereich spüren. Und ein Dritter merkt vielleicht am ehesten ein plötzlich auftretendes Herzrasen oder eine innere Unruhe.

> → **Aufgabe**
>
> *Was sind Ihre ganz persönlichen Schwachstellen und damit Ihre körperlichen Frühwarnindikatoren? Denken Sie schon an dieser Stelle einmal darüber nach und machen Sie sich ein paar Notizen. Im Kapitel vier werden wir weiter damit arbeiten.*
>
> ? *Durch welche Signale zeigt mir mein Körper, dass ich gestresst bin?*
>
> _____
>
> _____
>
> _____

2.3 Die Wechselwirkung der Stressreaktionsebenen

„Wir weinen nicht, weil wir traurig sind. Sondern wir sind traurig, weil wir weinen."
William James, Begründer der amerikanischen Psychologie

Die primären Stressreaktionen auf Gedanken-, Gefühls- und Körperebene beeinflussen und verstärken sich gegenseitig. Herzrasen und Atemnot können zu völliger Leere im Kopf führen, das Gefühl der Machtlosigkeit kann Wut und extremes Schwitzen hervorrufen. Und ein Gedanke zieht immer ein Gefühl bzw. eine bewusste oder unbewusste Körperreaktion nach sich und umgekehrt.

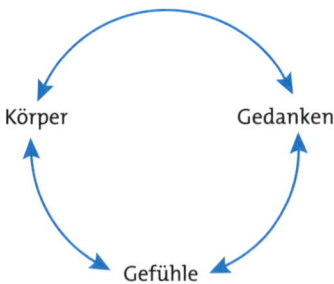

Wechselwirkung der Stressreaktionsebene

Es besteht also eine Wechselwirkung zwischen Körper, Gedanken und Gefühlen. Forscher sprechen dabei vom „Embodiment of Emotions", also der Verkörperung von Emotionen. Die Forschung besagt, dass die Psyche körperliche Zustände (Körperhaltung, Gestik, Mimik) genauso beeinflusst, wie die Körperzustände wiederum Auswirkungen auf unsere Psyche haben. So bedingen Körperhaltungen, die aus beliebigem Grund eingenommen werden, unsere Wahrnehmung, Gedanken und Gefühle.

> Um diese Wechselwirkung zwischen den Stressreaktionsebenen zu veranschaulichen, denken Sie an das, was Sie möglicherweise schon einmal in einem Präsentationstraining zur Verbesserung Ihrer Vortragskompetenz gehört haben:
>
> „Stellen Sie sich aufrecht hin, Beine hüftbreit nebeneinander, Füße nach vorne gerichtet, aufrechte Wirbelsäule, Schultern zurück, Kopf gerade. Atmen Sie tief ein und aus und sprechen Sie mit klarer und gut verständlicher Stimme …“
>
> Ziel dieser Übung im Präsentationstraining ist es, Ihrer Zuhörerschaft zu zeigen, dass Sie alles im Griff haben und genau wissen, worüber Sie sprechen. Und nun kommt das Spannende für unser Thema – Sie signalisieren auf diese Art und Weise nicht nur Ihrem Gegenüber dieses positive Bild einer selbstsicheren und kompetenten Person, sondern auch Ihrem Gehirn und damit sich selbst. Durch Ihre Haltung, Stimme, Gestik, Mimik und Ihre Atmung lösen Sie Nervenreize aus, die durch Nervenbahnen von dem Punkt ihrer Auslösung bis hin zu Ihrem Gehirn geleitet werden. Treten Sie – selbst wenn Sie nervös oder ängstlich sind – wie oben beschrieben mit kraftvoller und selbstsicherer Körperhaltung auf, sendet Ihr limbisches System sofort einen positiven „Alles ist in Ordnung"-Reiz aus und der Parasympathikus wird aktiviert.

Den Zusammenhang zwischen der Körperhaltung und dem inneren Gefühl stellt der folgende Peanuts-Cartoon wunderbar dar:

© Peanuts Worldwide LLC / Distr. Universal Uclick / Distr. Bulls

Neben der Körperhaltung hat die Mimik einen grossen Einfluss auf das innere Befinden. Auch hier gilt die wechselseitige Wirkung.

Wenn wir beispielsweise gut gelaunt sind, lächeln oder lachen wir – wenn wir lächeln oder lachen, sind wir gut gelaunt. Stellen Sie sich einmal vor den Spiegel und grinsen Sie sich richtig überdeutlich und breit an. Wahrscheinlich müssen Sie ohnehin schon deshalb ganz natürlicherweise lachen, da Sie mit diesem simulierten Grinsen etwas komisch aussehen. Ganz unabhängig davon, ob es nun zu diesem Über-sich-selbst-Lachen kommt, werden Sie binnen Sekunden feststellen, dass Ihnen tatsächlich viel fröhlicher zumute ist. Üben Sie das besonders, wenn Sie sich bedrückt fühlen oder auch wütend sind. Das Gehirn reagiert sofort mit entsprechenden Signalen an Ihre Gedanken, Ihre Gefühle und Ihren Körper.

Schon 1872 schrieb Charles Darwin: „Even the simulation of an emotion tends to arouse it in our minds." Nicht nur die simulierte, sondern sogar auch die nur gedachte oder erinnerte Emotion wie ein inneres Lächeln ruft in unserem Gehirn eine entsprechende Reaktion hervor und gibt das positive „Alles ist in Ordnung"-Signal an die Amygdala. Dabei werden Stresshormone abgebaut, Glückshormone wie Serotonin und Endorphin werden ausgeschüttet – und schon wird das gedachte oder simulierte Lächeln oft zu einem echten!

> Innere Stimmungen wirken sich auch auf unsere Urteile und unsere Umgebungswahrnehmung aus – simulierte Stimmungen tun dasselbe, was die Ergebnisse einer amerikanischen Studie zum „Embodiment" sehr gut zeigen.
>
> Bittet man Menschen, die ein Produkt beurteilen sollen, darum, während der Beurteilung einen Stift quer zwischen die Zähne zu nehmen (sodass sich ein Grinsen ergibt), bewerten sie Produkte positiver als Menschen, die den Stift währenddessen längs in den Mund nehmen (sodass der Mund ein zusammengezogenes „O" formt). Auch hier „erkennt" das Gehirn im ersten Fall das simulierte Lächeln und reagiert in der wie oben beschriebenen Weise. Die Menschen fühlen sich besser und beurteilen somit die Welt um sich herum besser.
>
> Andere Studien haben gezeigt, dass Menschen bei einer Verhandlung viel härter um ihre Punkte kämpfen, wenn sie auf einem harten Stuhl sitzen. Umgekehrt sind sie kooperativer, wenn sie von einem bequemen Stuhl aus argumentieren. Gönnen Sie sich also gerade in stressigen Zeiten „einen bequemen Stuhl", er wird Ihnen helfen, die Welt um Sie herum ein wenig positiver zu sehen!

Wie bereits erläutert, ist der Kampf-Flucht-Mechanismus zwar ein durch das autonome Nervensystem automatisch und unbewusst gesteuerter Prozess, es handelt sich dabei aber eben nicht um eine „Einbahnstraße". Dies führt uns zu einer wichtigen Erkenntnis:

WENN ICH ALSO DURCH MEINE GEDANKEN, GEFÜHLE ODER DEN KÖRPER STRESS AUSLÖSEN KANN, KANN ICH MICH AUCH AUF KRAFTVOLLE GELASSENHEIT PROGRAMMIEREN. STRESS IST DAMIT EINE FRAGE DER INNEREN UND ÄUSSEREN HALTUNG.

2.4   Stress bewältigen mit dem StressRadar®

Die Stressreaktionsebenen Gedanken, Gefühle und Körper stehen miteinander in Wechselwirkung und wir können die Reaktionen auf diesen Ebenen gegenläufig beeinflussen. Daraus folgt, dass Stressbewältigung grundsätzlich auf allen drei Ebenen – der Gedankenebene, der Gefühlsebene und der Körperebene – ansetzen kann.

Gleichzeitig hat Stressbewältigung eine zeitliche Komponente. Kurzfristige Stressbewältigung setzt schnell und direkt einen Entspannungsimpuls. Es geht darum, sich nach der Anspannung möglichst rasch zu entspannen. Damit wird der „Ruhenerv" Parasympathikus aktiviert; wir verschaffen unserem angespannten System einen Ausgleich (mehr dazu in Kapitel 5). Mittel- und langfristig gesehen bedeutet Stressbewältigung die Stärkung der eigenen Stressbelastungspersönlichkeit

Der Stressmechanismus wird generell dann ausgelöst, wenn wir etwas als bedrohlich einschätzen.

Es muss sich dabei wie eingangs beschrieben nicht immer um eine objektiv existenzbedrohende Gefahr handeln. Die Gefahr kann auch „nur" subjektiv gefühlt vorhanden sein – bspw. bei einem „Angriff" eines Kollegen, der Angst, etwas nicht perfekt zu machen, oder einer der vielen Sorgen, die wir als bedrohlich empfinden und die sich hinterher so oft als unbegründet erweisen. Bei all diesen „Gefahren" wird genau wie im Fall wirklicher Bedrohung der Kampf-Flucht-Mechanismus aktiviert.

DIE STÄRKUNG DER EIGENEN STRESS-RESISTENZ BEDEUTET NUN, DIE SITUATIONEN, DIE BISHER STRESS BEI UNS AUSGELÖST HABEN, SO UMZUBEWERTEN, DASS WIR DIESE ALS WENIGER ODER NOCH BESSER GAR NICHT MEHR BEDROHLICH EINSCHÄTZEN.

Wir definieren also dann unsere selbst geschaffenen Stressoren um, verändern unsere Wahrnehmungsmuster und verringern dadurch die Aktivität des Sympathikus. Wir werden nachhaltig resistenter gegenüber den auch manchmal schwierigen Herausforderungen unseres Lebens und meistern diese mit mehr Kraft und Gelassenheit (mehr dazu siehe Kapitel 6).

Ziel des StressRadar®-Trainings ist nicht, ein komplett stressfreies Leben zu führen. Wie vorausgehend beschrieben brauchen wir Stress, um zu lernen, Ziele zu erreichen und uns weiterzuentwickeln. Ein Leben in völliger Entspannung würde Stillstand, Unterforderung und Langeweile bedeuten. Es geht darum, einen regelmäßigen Rhythmus zwischen Anspannung und Entspannung zu erzielen und die Ausschläge der Anspannung in einem gesundheitsverträglichen Maß zu halten.

BEIDE WEGE DER STRESSBEWÄLTIGUNG, DER KURZFRISTIG WIRKSAME ENTSPANNUNGSIMPULS ALS AUSGLEICH ZUR ANSPANNUNG UND DIE LANGFRISTIGE STÄRKUNG IHRER STRESSRESISTENZ SIND WICHTIG, UM IHRE VEGETATIVEN REAKTIONEN IN EINEM GESUNDHEITSFÖRDERNDEN GLEICHGEWICHT ZU HALTEN (VGL. ABB. 2).

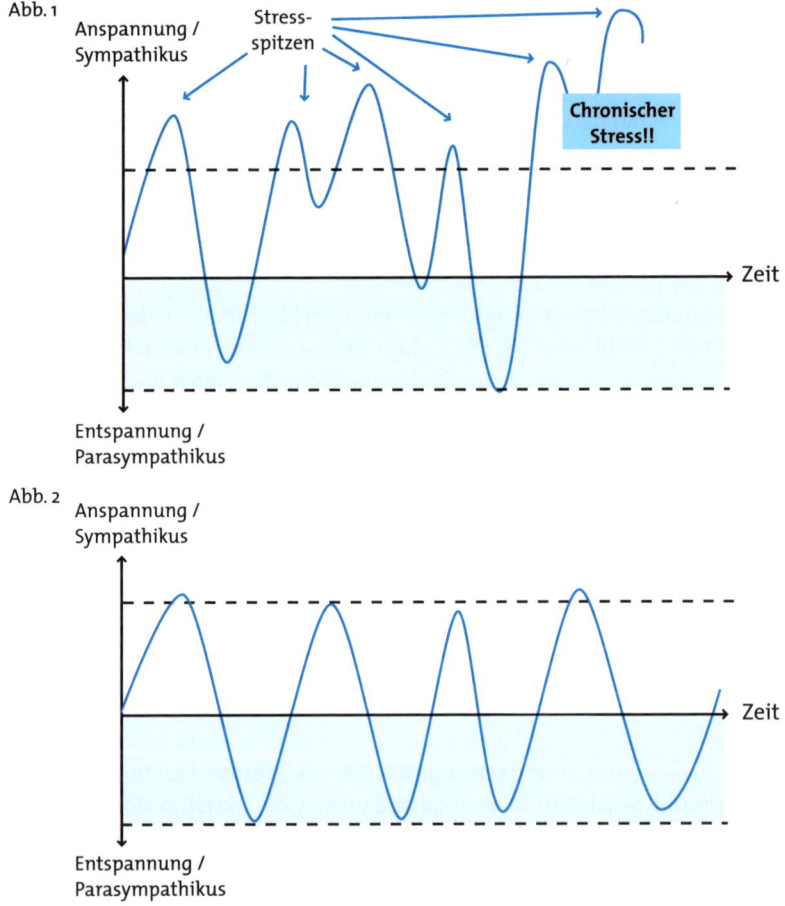

Zusammenspiel der vegetativen Reaktionen – im gesundheitsgefährdenden Ungleichgewicht (Abb. 1) und im Gleichgewicht (Abb. 2)

3   Anatomie der Gedanken

„Die größte Entdeckung meiner Generation ist es, dass der Mensch sein Leben ändern kann, indem er einfach seine innere Einstellung ändert."
William James, Begründer der US-amerikanischen Psychologie

STRESS ENTSTEHT IM KOPF – DAHER BEGINNT AUCH DIE STRESSLÖSUNG IM KOPF!

Den ersten Teil dieser Feststellung haben Sie bereits im zweiten Kapitel gelernt. Warum auch der zweite Teil richtig ist, werden Sie nach diesem Kapitel verstanden haben. Alles, was wir denken, sagen, tun oder lassen, geschieht durch unser Gehirn. Der Aufbau dieses fantastischen Organs entscheidet über unsere Fähigkeiten, Begrenzungen und unseren Charakter. Wir sind unser Gehirn oder wie einst Buddha sagte: „Wir sind, was wir denken!"

Wenn also die Stresslösung im Kopf beginnt und wir mit all unseren Eigenarten das Geschöpf unseres Gehirns sind, dann müssten wir ja unser Gehirn so beeinflussen können, dass wir mit Stress anders umgehen können als bisher. Ist das möglich?

3.1   „Ich bin so, wie ich bin!" oder „Ich kann mich immer wieder neu erfinden!"

In meinen Seminaren begegne ich immer wieder Menschen, die sagen: „Das klingt ja alles spannend. Aber ich bin nun mal so, wie ich bin. Ich habe schon immer so reagiert, das liegt in meiner Persönlichkeit. Das kann ich doch nicht ändern."

Das bezieht sich auf Aussagen wie:
→ „Ich mache mir meistens viele Sorgen und das ist ja auch gut so, weil ich dann immer schon gut vorbereitet bin, wenn etwas passiert."
→ „Ich will alles perfekt machen und das erwarte ich auch von anderen."
→ „Meine Einstellung zum Leben ist ‚Ohne Fleiß kein Preis'. Also tue ich immer mehr als andere, denn man muss sich seinen Erfolg verdienen."

Wie denken Sie über sich selbst?
Glauben Sie, dass Ihre Persönlichkeit in Stein gemeißelt ist? Und dass wichtige Charaktereigenschaften mit der Zeugung entstehen, sich in den ersten Lebensjahren festigen und heute die Grundpfeiler Ihrer Persönlichkeit bilden?

Oder glauben Sie eher, dass Sie zwar mit bestimmten Talenten, Interessen und Charaktereigenschaften ausgestattet wurden, doch dass sich jeder Mensch durch Willen, Tun und Erfahrung in die Richtung entwickeln und verändern kann, die er möchte?

IHRE INNERE EINSTELLUNG (ENGL. = MINDSET) IST EINE WICHTIGE STELLSCHRAUBE IM HINBLICK AUF DIE STÄRKUNG IHRER STRESSRESISTENZ UND DAMIT EINE SCHLÜSSELFUNKTION IHRES STRESSRADARS®.

➜ **Aufgabe**

Sie können Ihre Einstellung durch die Beurteilung folgender Aussagen selbst testen. Bitte lesen Sie jede dieser Aussagen und entscheiden Sie dann, ob Sie dieser im Wesentlichen zustimmen oder sie eher für falsch halten.

1. *Meine Intelligenz ist angeboren und kann im Grunde nicht verändert werden.*

2. *Ich kann zwar neue Dinge lernen, aber meine Intelligenz kann ich nicht grundsätzlich verändern.*

3. *Unabhängig davon, wie intelligent ich bin, kann ich meine Intelligenz immer ein wenig verändern.*

4. *Ich kann meine Intelligenz grundsätzlich immer verändern.*

5. *Ich bin eine ganz bestimmte Person und da gibt es nicht viel, was ich tun kann, um mich wirklich zu verändern.*

6. *Unabhängig davon, wie ich bin, kann ich mich immer grundsätzlich verändern.*

7. *Ich kann zwar Dinge anders machen, aber die wichtigen Teile meiner Persönlichkeit können nicht verändert werden.*

8. *Ich kann immer grundlegende Teile meiner Persönlichkeit verändern.*

(Fragen in Anlehnung an Dweck, Carol: Mindset – the new psychology of success, New York 2008)

Wenn Sie die Aussagen 1, 2, 5 und 7 grundsätzlich für richtig halten, spricht Dweck von einem „fixed mindset", also der „Ich bin so, wie ich bin"-Haltung. Entsprechen die Aussagen 3, 4, 6 und 8 eher Ihrer inneren Einstellung, dann bezeichnet Dweck diese Einstellung als „growth mindset" bzw. „Ich kann mich immer wieder neu erfinden"-Haltung.

Vielleicht haben Sie nicht alle Aussagen mit derselben Ausrichtung beurteilt. Dennoch geben Ihnen Ihre Antworten sicher ein Bild darüber, wie Sie Ihre Wachstumsmöglichkeiten bzw. auch Ihre Wachstumsgrenzen grundsätzlich beurteilen. Dweck sagt, dass ein „fixed mindset" eher dazu führt, dass die betreffende Person sich darum sorgt, wie Sie von anderen beurteilt wird, während eine Person mit einem „growth mindset" eher unabhängig von der Bewertung anderer an ihrer eigenen Entwicklung interessiert ist.

Ob Ihre Antworten eher für einen „fixed mindset" oder für einen „growth mindset" sprechen, hat etwas mit Ihrer inneren Einstellung über sich selbst und das Leben zu tun. Woher aber kommt diese innere Einstellung? Dazu muss man erst einmal verstehen, wie Einstellungen und Denkweisen überhaupt zustande kommen.

Mit unserem genetischen Programm haben wir auch unser Gehirn von unseren Eltern geerbt – mit erbten Strukturen, die gewisse Fähigkeiten, Talente, Denk- und Handlungsweisen beinhalten. Unsere Veranlagung zum „Gestresstsein" und damit unsere grundlegende Stressresistenz bildet sich zudem nach neuesten Erkenntnissen voraussichtlich schon in den ersten Schwangerschaftsmonaten weiter aus – verstärkte Ausschüttungen von Stresshormonen bei der Mutter während der frühen Schwangerschaft können demnach zu stärkeren Angstreaktionen bei den Kindern führen. Wir sind also schon bei Geburt kein „unbeschriebenes Blatt" und nehmen danach die Welt durch die „Brille" unserer ererbten Hirnstrukturen wahr. Wir neigen dazu, ähnlich wie unsere Eltern zu denken, uns ähnlich zu verhalten und uns in ähnliche emotionale Zustände zu begeben, weil wir ihre meistgenutzten Gedanken, Handlungen und Gefühle geerbt haben. Zudem werden wir in unseren ersten Lebensjahren stark durch die Menschen beeinflusst, die unsere Vorbilder sind – meist unsere Eltern. So bestätigen die in Kindheit und Jugend gemachten Erfahrungen die Hirnstruktur, mit der wir auf die Welt gekommen sind – ererbte Fähigkeiten, Denk- und Handlungsmuster festigen sich.

WIR ÄHNELN UNSEREN ELTERN, WEIL SICH UNSERE GEHIRNE ÄHNELN.

Auch Ihre persönliche Einstellung dazu, inwieweit sich Ihre Persönlichkeit, Ihre Talente und Fähigkeiten verändern können, hat höchstwahrscheinlich etwas damit zu tun, wie die Einstellung Ihrer Eltern zu diesem Thema ist und wie Sie diesbezüglich erzogen worden sind. So sind manche Menschen in Bezug auf ihre Stressresistenz einfach mit besseren Startbedingungen auf die Welt gekommen als andere. Andere hingegen haben durch die Struktur ihres Gehirns bspw. eine Neigung dazu, sich Sorgen zu machen, sich selbst infrage zu stellen, anderen gefallen zu wollen oder es immer perfekt machen zu müssen – und besitzen damit eine geringere Stressresistenz. Sollten Sie eher im „Fixed mind" verankert sein, also in der „Ich bin, wie ich bin"-Haltung, dann hat auch dies etwas mit Ihren Startbedingungen und der Entwicklung Ihres Gehirns zu tun. In diesem Falle wünsche ich Ihnen, dass Sie im Verlauf dieses Kapitels Ihre Haltung überdenken und sich selbst zutrauen, dass Sie sich ändern können.

„Wer immer tut, was er schon kann, bleibt immer das, was er schon ist."
Henry Ford, Unternehmer

Lange Zeit galt es als unverrückbar, dass mit dem 20. Lebensjahr die Gehirnentwicklung weitgehend abgeschlossen sei. Dann nämlich sei die funktionale Architektur des Gehirns so weit gefestigt, dass Persönlichkeit und Potenzial eines Menschen ein Leben lang festgelegt sind. Erst nach und nach haben Hirnforscher unter anderem durch die neuen, bildgebenden Verfahren wie die Magnetresonanztomografie (MRT) diese Annahme widerlegt. Als Durchbruch galt eine Studie aus dem Jahre 1999, die unter Leitung der Neurologin Eleanor Maguire am College of London durchgeführt wurde. Diese zeigte, dass die für die räumliche Orientierung zuständige Region im Gehirn von Londoner Taxifahrern umso größer ist, je länger die Taxifahrer dieser Tätigkeit nachgehen. (Einschub der Autorin: Damals gab es natürlich noch keine Navigationsgeräte, die in unserer modernen Zeit eher dazu führen, dass wir uns kaum noch ohne das Gerät orientieren können, sich das betreffende Hirnareal also zurückentwickelt.)

HEUTE IST DURCH VIELE STUDIEN BEWIESEN, DASS DIE GRUNDSTRUKTUR DES GEHIRNS ZWAR IN IHRER ERERBTEN UND DURCH DIE FRÜHEN LEBENSUMSTÄNDE BEEINFLUSSTEN FORM GEGEBEN IST, DIESE ABER DENNOCH BIS INS HOHE ALTER HINEIN WEITERENTWICKELT WERDEN KANN (NEUROPLASTISITÄT).

Sobald wir nämlich Neues erleben, andere Erfahrungen machen oder neue Gedanken denken, beginnt sich unser Gehirn zu verändern und zeigt sein Potenzial, neue Einstellungen zu sich selbst und zum Leben zu entwickeln und dadurch neue Fähigkeiten und Verhaltensweisen auszubilden. Wenn Sie sich durch bestimmte Umstände in Ihrem Leben neuen Herausforderungen gestellt und Sie dadurch die Erfahrung gemacht haben, dass Sie sich verändern können, dann haben diese Erfahrungen Ihre Gehirnstruktur und damit auch Ihre Denkweise – Ihren „mindset" – verändert. Und genau daran zeigt sich die Plastizität unseres Gehirns.

„Wer anders denkt, sieht anders. Und wer Neues sieht, fängt an, anders zu denken.'"
Gerald Hüther, Neurobiologe

Einige exemplarische Forschungsergebnisse sollen Ihnen diese Neuroplastizität verdeutlichen:

In einer britischen Langzeitstudie mit Jugendlichen hat man festgestellt, dass eine bestimmte Hirnregion seit mehreren Jahren immer größer wird. Es ist die Region, die die Bewegung des (meist) rechten Daumens steuert. Das ist die Region, welche man für das Schreiben von SMS benötigt. Die SMS-Technologie hat also Einzug in unser Gehirn gehalten. Eine neue Fähigkeitsautobahn ist entstanden – und will auch benutzt werden. Wenn das Gehirn also erst einmal so umgebaut ist, dass die betreffende Daumenregion dort eine so große Repräsentanz hat, verlangt das Gehirn sozusagen zwanghaft nach einer Tätigkeit für diese „wunderbare" Fähigkeit.

Nicht nur bei jüngeren Menschen baut sich das Gehirn entsprechend seiner Nutzung um. Entgegen früheren Erkenntnisse behält unser Gehirn seine Fähigkeit zur Plastizität das ganze Leben. Bei einer lesebegeisterten, älteren Dame, die durch einen Gehirnschlag erblindete und deshalb unbedingt die Blindenschrift erlernen wollte, hat man folgende neuronale Veränderung festgestellt: Ihr Gehirn wurde zunächst vor dem Erlernen der Brailleschrift untersucht. Im Kernspintomografen stellte man fest, dass das Areal im Gehirn, das bei der Stimulierung der Fingerkuppen aktiviert wird, genauso groß war wie bei einem durchschnittlichen, nicht blinden Menschen – nämlich haselnussgroß. Da die Frau so gerne las, machte sie sich mit viel Engagement an das Erlernen der Brailleschrift und beherrschte diese auch tatsächlich schon ein halbes Jahr später. Zu dieser Zeit stellte man bei einer erneuten Kernspinuntersuchung fest, dass sich das Gebiet im Gehirn, das für die Fingerkuppensensibilität zuständig ist, verdreifacht hatte. Es ist also auch im hohen Alter noch möglich, etwas Neues hinzuzulernen, wenn man sein Gehirn anders benutzt als bisher. Dann passt sich das Gehirn an die neue Nutzung an und strukturiert sich entsprechend um.

Eine aktuelle Studie mit Rechtshändern, deren rechter Arm aufgrund medizinischer Ursachen mit einem Gipsverband oder einer Schlinge ruhiggestellt wurde, hat gezeigt, dass sich das Gehirn sogar schon nach kürzester Zeit auf die neue Situation einstellt. Bereits nach zwei Tagen konnte man im Gehirn der Probanden starke Umbaumaßnahmen beobachten. Die Hirnaktivität in den Regionen, die für die rechte Hand zuständig sind, hatte sich um etwa 10 % reduziert. Gleichzeitig kam es in den betreffenden Hirnarealen, die für die linke Hand zuständig sind, zu einer Zunahme der Hirnsubstanz, die mit einer größeren Geschicklichkeit der linken Hand korrelierte.

Diese Ergebnisse überraschen besonders daher, weil man bisher geglaubt hat, dass solche starken Umbauprozesse eine viel längere Zeit des Trainings benötigen. Offensichtlich hat die Dringlichkeit, mit der wir die Umbaumaßnahmen im Gehirn initiieren eine unterstützende Wirkung.

Gemeinsam ist diesen Studienergebnissen, dass alle Probanden einen starken Willen hatten, neue Fähigkeiten auszubilden und neue Verhaltensweisen zu erlernen. Sie hatten den Wunsch, mit den Freunden in Kontakt zu sein, trotz Blindheit lesen oder mit der ungeübten linken Hand alltägliche Dinge tun zu können. Dieser Wunsch und die mit der Erfüllung dieses Wunsches einhergehenden positiven Gefühle waren in diesen Beispielen ein hoher Antreiber für die Willenskraft, die es braucht, das eigene Gehirn umzuprogrammieren.

3.2 Das Gehirn programmiert sich selbst

Unser Gehirn wiegt durchschnittlich anderthalb Kilo und enthält rund 100 Milliarden Nervenzellen (Neuronen). Neuronen sind extrem winzig, auf einer Stecknadelspitze hätten 30.000–50.000 davon Platz. Im Neokortex (Großhirn) kann sich jede Nervenzelle mit 40.000–50.000 anderen Nervenzellen über eine Synapse verbinden. Ein Neuron verbindet sich mit dem nächsten und dieses wiederum mit einem neuen usw., bis irgendwann auch wieder eine Verbindung zum Ausgangsneuron zurückkommt. So entstehen Myriaden von Rückkopplungsprozessen als dreidimensionale Muster aus Synapsen und Neuronen. Diese Muster nennt man neuronale Netzwerke. Immer, wenn wir etwas Neues lernen oder erfahren, erzeugen Nervenzellen neue Synapsen und neue neuronale Muster.

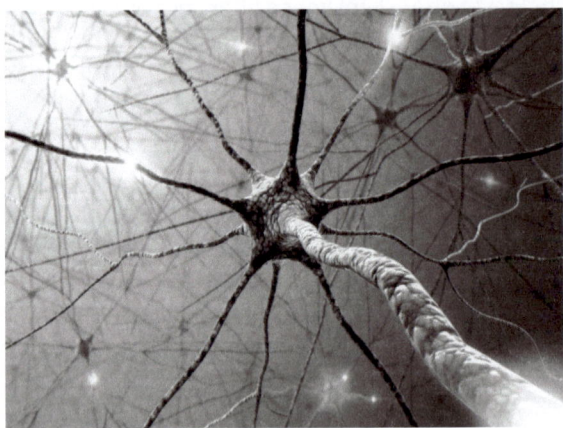

Neuronen (ktsdesign, Fotolia.com)

„Neurons that fire together wire together". Das ist die so genannte Hebb'sche Regel, 1970 von dem kanadischen Psychobiologen Donald Hebb aufgestellt. Sie besagt, dass Neuronen, die wiederholt zusammen feuern, eine stärkere Verschaltung (Synapse) miteinander eingehen.

JE HÄUFIGER DIE WIEDERHOLUNG, DESTO STÄRKER WIRD DIE NEURONALE VERBINDUNG.

Wenn man also bspw. einen bestimmten körperlichen Schmerz häufig spürt und dieser einem schon „vertraut" geworden ist, wird man ihn auch sehr viel schneller erneut spüren als einen Schmerz, den das Gehirn noch nicht „kennt".

Zudem macht das Gehirn keinen Unterschied, ob Sie eine Handlung in der Tat ausführen oder ob Sie sich diese nur mental vorstellen. Ob Sie also eine besonders stressige Situation tatsächlich erleben oder Sie sich diese nur in Ihren Gedanken vorstellen (bspw. wie beängstigend es morgen sein wird, eine Rede vor 150 Zuhörern zu halten), führt zu denselben neurophysiologischen Prozessen. Und es löst bei wiederholtem Denken derselben Gedanken einen sich selbst verstärkenden Kreislauf aus und beeinflusst unser Sein folgendermaßen:

Jeder gedachte Gedanke verursacht eine biochemische Reaktion im Gehirn. Das Gehirn setzt chemische Botenstoffe (Neurotransmitter) frei, die an den Körper übermittelt und als Gefühl bzw. Körperreaktion wahrgenommen werden. So „fühlt" der Körper, was wir gerade gedacht haben. Ein positiver Gedanke führt zur Ausschüttung des Neurotransmitters Dopamin, welcher Freude auslöst. Ein negativer Gedanke hingegen führt zur Produktion von Neuropeptiden, die negative Gefühle wie Hass oder Angst erzeugen (vgl. Kampf-Flucht-Mechanismus in Kapitel 2).

WIR FÜHLEN ALSO, WAS WIR DENKEN!

→ **Aufgabe**

Durch einen einfachen kleinen Selbsttest, können Sie das oben Beschriebene selbst erfahren: Stellen Sie sich den Geschmack einer sauren Zitrone vor und denken Sie intensiv daran! Höchstwahrscheinlich werden Sie nun dieses saure Geschmackserlebnis tatsächlich spüren können, vielleicht verziehen Sie sogar Ihr Gesicht oder müssen plötzlich heftig schlucken.

Genauso, wie das Denken an eine saure Zitrone eine direkte Auswirkung auf unsere Geschmackswahrnehmung und unseren Körper hat, so beeinflusst auch ein negativer Gedanke unser gesamtes Wohlbefinden.

Welche große Kraft unsere Gedanken und Vorstellungen auf unser Gefühl haben können, zeigt außerdem das folgende eindrucksvolle Erlebnis des Schriftstellers Mark Twain:

An einem heißen Sommertag übernachtete Mark Twain in einem Hotel am Mississippi. Er konnte nicht einschlafen, da die Luft brütend warm und stickig war. Nach Stunden des Hin-und-her-Wälzens warf er im dunklen Zimmer verzweifelt einen Schuh gegen das Fenster. Er hörte Glas zersplittern, spürte einen angenehmen, kühlenden Lufthauch und schlief endlich ein. Am nächsten Morgen erwachte Mark Twain und stellte überrascht fest, dass der Spiegel zerbrochen war. Ein Blick zum Fenster bewies, das Fenster war unbeschädigt. Allein die Kraft seiner Gedanken hatte Mark Twain in dieser heißen Nacht am Mississippi Kühlung verschafft. Die Vorstellung eines zerbrochenen Fensterglases ließ die kühle Luft in sein Gefühl strömen und brachte den ersehnten Schlaf.

WIE MAN EINE SITUATION EINSCHÄTZT, HÄNGT IMMER VON DER SUBJEKTIVEN BEWERTUNG, D.H. VON DER EIGENEN VORSTELLUNG DER SITUATION AB.

Genauso, wie es nicht das zerbrochene Fenster war, das Mark Twain Kühlung brachte, sondern nur die Vorstellung davon, ist es meist nicht die Situation als solche, die uns Stress bereitet, sondern die Art und Weise, wie wir sie bewerten.

Von der Hebb'schen These ausgehend verbinden sich Neuronen, die zusammen feuern, zu Synapsen und neuronalen Netzwerken. Und Neuronen, die wiederholt zusammen feuern, verbinden sich stärker. Die Synapsen, die wir besonders häufig aktivieren, um uns in der Welt zurechtzufinden, werden immer stärker ausgebaut. Hingegen bleiben Verschaltungen, die wir nicht oder nur selten benutzen, entweder so, wie sie sind, oder verkümmern allmählich. So gibt es Menschen, die in jeder Situation erst einmal das Gute sehen oder zumindest das Machbare, und es gibt Menschen, die sich schnell sorgen, dass etwas nicht gut gehen könnte.

Wenn Sie bspw. einen sehr starken inneren Perfektionismus-Antreiber haben (siehe mehr zum Antreiber-Konzept in Kapitel 4), dann kann es sein, dass Sie sehr häufig den Gedanken denken: „Das ist noch nicht gut genug, ich muss es noch besser machen." Durch die Aktivierung desselben Gedankens bilden sich sozusagen Gedankenstraßen, die immer häufiger benutzt und dadurch immer breiter und ausgebauter werden – irgendwann haben Sie richtige Neuronenautobahnen in Ihrem Kopf. Der Gedanke wird dann automatisch ausgelöst, sie müssen nichts dazu tun. Sie denken im obigen Beispiel immer wieder: „Das ist noch nicht gut genug." oder noch schlimmer „Ich bin nicht gut genug." Dass solche Gedanken Stress verursachen, Sie antreiben, „immer alles" geben zu müssen, versteht sich von selbst. Je nachdem, was Sie denken und welche Emotionen damit verbunden sind, wirft die Amygdala im limbischen System den Kampf-Flucht-Mechanismus an oder eben nicht. Unser Körper wird mit anderen Hormonen versorgt, das autonome Nervensystem reagiert dementsprechend mit Anspannung oder Entspannung – und wir beeinflussen unser Gefühl von Gestresst- oder Gelassensein durch unsere Gedanken.

Der römische Kaiser Marc Aurel kam schon im zweiten Jahrhundert zu der Erkenntnis: „Die Seele übernimmt die Farbe der Gedanken."

Diese Beeinflussung des (Körper-)Gefühls durch die Gedanken ist erst der Anfang eines sich selbst verstärkenden Kreislaufs. Sobald der Körper durch die Neurotransmitter auf unsere Gedanken mit einem Gefühl reagiert, registriert das Gehirn das Gefühl. Denn unser Gehirn überprüft sozusagen als Daueraufgabe den Zustand des Körpers und wertet diese Informationen aus. Wenn das Gehirn nun ein negatives (Körper-)Gefühl registriert, produziert es einen Gedanken, der wiederum zu diesem Gefühl passt. Dasselbe passiert bei positiven Gefühlen.

JETZT DENKEN WIR, WAS WIR FÜHLEN!

Gedanken und Gefühle erzeugen und verstärken sich also gegenseitig. Gehen wir noch einen Schritt weiter. Gedanken und Gefühle erzeugen Taten. Wir handeln entsprechend dem, was wir denken und fühlen. Ist der Auslöser nun ein Gedanke, für den wir uns in unserem Gehirn bereits eine Gedankenautobahn gebaut haben, wird dieser Gedanke immer häufiger gedacht, das betreffende Gefühl immer häufiger gefühlt, die entsprechende Handlung immer häufiger ausgeführt. So entstehen Gewohnheiten, so entsteht Ihre Persönlichkeit und so entsteht auch Ihre grundlegende Stressresistenz.

Ein Vers aus dem Talmud sagt:
> *„Achte auf deine Gedanken, denn sie werden zu Worten.*
> *Achte auf deine Worte, denn sie werden zu Handlungen.*
> *Achte auf deine Handlungen, denn sie werden zu Gewohnheiten."*

Wir beginnen also mit dem, was wir denken, einen sich selbst verstärkenden, automatisch ablaufenden Kreislauf und formen somit unsere Persönlichkeit, Weltsicht und unser Sein. Und das alles passiert zunächst einmal, ohne dass wir uns dieses Prozesses bewusst sind. D.h. auch, dass wir uns immer wieder „schädlich" uns selbst gegenüber verhalten können, ohne es zu merken, da wir uns einfach nur nach unserem Automatismus verhalten. Wir reagieren wie programmiert, weil diese fest verschalteten Netzwerke im Gehirn keine bewusste Anteilnahme von uns erfordern und somit wesentlich ressourcenschonender sind. So, wie ein Auto bequemer auf gut ausgebauten Straßen fährt als auf einem Feldweg, „fährt" auch unser Gehirn mit dieser Vorgehensweise wesentlich bequemer – im Sinne eines Energiesparmodus. Ähnlich wie ein Motor im Leerlauf erfordert das Denken von gewohnten Gedanken kaum Energie. Auf

Automatismus geschaltet verbraucht unser Gehirn nur 5 % unserer gesamten Körperenergie, im Gegensatz dazu braucht es durchschnittlich 20-25 %, wenn wir die bewussten Zentren unseres Gehirns aktivieren.

Warum es so bequem ist, wenn alles beim Alten bleibt

Hirnaktivität, wenn wir vor einer neuen Aufgabe stehen = Neues (links)
Hirnaktivität, wenn wir eine Aufgabe „wie immer" durchführen = Routine (rechts)

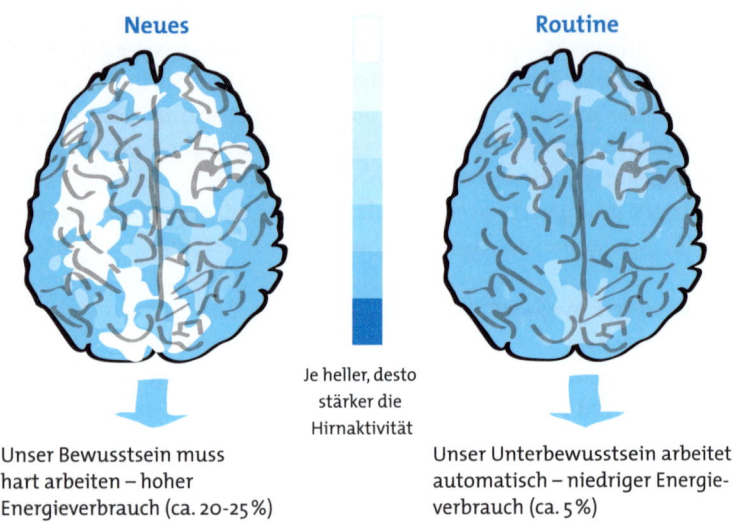

Neues

Routine

Je heller, desto
stärker die
Hirnaktivität

Unser Bewusstsein muss
hart arbeiten – hoher
Energieverbrauch (ca. 20-25 %)

Unser Unterbewusstsein arbeitet
automatisch – niedriger Energieverbrauch (ca. 5 %)

SO, WIE WIR UNSER GEHIRN BENUTZEN, ERZEUGEN WIR UNSERE WIRKLICHKEIT UND DAMIT UNS SELBST. UNSER GEHIRN PROGRAMMIERT SICH IM GEGENSATZ ZU DEN GEHIRNEN ANDERER SÄUGETIERE GEWISSERMASSEN SELBST; ES VERÄNDERT SICH DURCH SEINEN GEBRAUCH. WIR SOLLTEN UNS ALSO MIT VIEL UMSICHT UND BEDACHT DAFÜR ENTSCHEIDEN, WIE UND WOFÜR WIR UNSER GEHIRN BENUTZEN.

Sollten Sie sich eingangs dafür entschieden haben, dass die These „Ich bin so, wie ich bin" richtig ist, dann müssten Sie eigentlich sagen: „Ich bin so, wie ich bin, wenn ich mich dafür entscheide, das zu tun, was ich schon immer so getan habe!" Wenn Sie Ihre Einstellungen über sich und das Leben beibehalten, benutzen Sie Ihr Gehirn auf immer dieselbe Weise. Die Wahrscheinlichkeit, dass Ihnen das Leben dann immer wieder dieselben Situationen bringt, ist hoch. Aber allein die Einsicht, dass Sie sich bisher bewusst oder unbewusst entschieden haben, so zu sein, wie Sie sind, bringt die Chance zur Veränderung. Sobald Sie nämlich damit beginnen, anders zu denken und anders zu handeln als bisher, sehen Sie in Ihrem Leben plötzlich auch andere Möglichkeiten.

3.3 Stresslösung beginnt im Kopf

Inwieweit Sie Ihr lernfähiges Gehirn und damit sich und Ihre Weltsicht verändern können, hängt von den Bedingungen ab, in die Sie neurologisch hineingeboren wurden und unter denen Sie Ihr Leben zu gestalten hatten. Kein Mensch kann sich diese Bedingungen aussuchen, die darüber entscheiden, wie und wofür er sein Gehirn benutzt und welche neuronalen Verschaltungsmuster er ausbildet. Zu ganz anderen Zeiten, in einer anderen Kultur, mit anderen Eltern, wären auch Sie ganz anders geworden. Sie hätten ein anderes Gehirn, würden anders denken, fühlen und handeln. „All das, was Ihre Persönlichkeit ausmacht, das, worauf Sie stolz sind, ebenso wie das, was Sie an sich selbst nicht mögen, worunter Sie vielleicht sogar leiden, Ihre Schwächen und Stärken, Ihre Fähigkeiten und Kenntnisse, Ihre Wünsche und Erwartungen, auch Ihre Träume und Ängste, sind Ergebnis und Ausdruck der Installation, der neuronalen Verschaltungsmuster, die bisher in Ihrem Hirn entstanden sind." (Hüther, Gerald: Bedienungsanleitung für ein menschliches Gehirn, Göttingen 2009, S. 71)

DOCH JEDER MENSCH KANN SICH VERÄNDERN UND DAMIT AUCH SEINE BEWERTUNGSMASSSTÄBE FÜR DIE STRESSBELASTUNG EINER SITUATION – EGAL OB ER DIESE SITUATION ERLEBT ODER SIE SICH NUR IN GEDANKEN VORSTELLT.

Wie kann das gehen?

Genauso, wie Ihre bisherige Welt durch bewusste oder unbewusste Nutzung und Ausbau Ihrer Gedankenautobahnen beeinflusst wurde, können Sie Ihre Welt neu sehen, indem Sie bewusst neue neuronale Verschaltungen aufbauen und so neue Pfade, Wege, Straßen und Autobahnen wachsen lassen. Der Weg dorthin führt über das Wiederholen des neuen, stärkenden Gedanken- und Handlungsmusters. Dadurch verschalten sich die betreffenden Neuronen zu neuen neuronalen Netzen und synaptischen Verbindungen, die durch wiederholte Nutzung wie ein Baum einen dickeren Stamm und viele neue Äste bekommen.

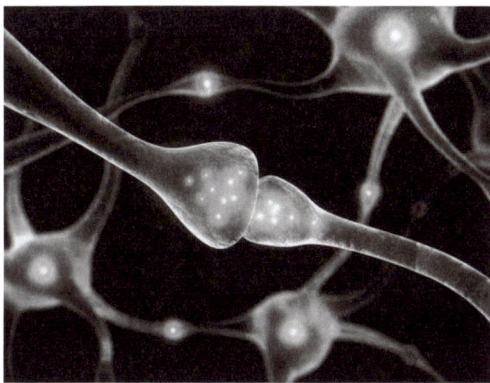

Synapse (psdesign1, Fotolia.com)

Das klingt einfach, ist es aber nicht

Denn die „Versuchung" des Gehirns, immer wieder in den Energiesparmodus zu verfallen und die gewohnten (sich selbst schädigenden) Gedanken zu denken, ist hoch. Erschwerend kommen neuere Ergebnisse der so genannten „Positiven Psychologie" hinzu, zu deren Vätern der amerikanische Professor Martin Seligman zählt. Er fand heraus, dass der Mensch durch die Grundstruktur seines Gehirns und die damit verbundene Grundbandbreite an positiven und negativen Emotionen auch eine Art gewohnten Hormon-Cocktail besitzt (wie oben beschrieben, werden positive und negative (Körper-)Gefühle durch die entsprechenden Hormone ausgelöst). Dieser Norm-Hormon-Cocktail löst die Gefühlslage in uns aus, die wir als normales Glücklichsein empfinden. Wir haben also so etwas wie einen Steuermann geerbt und in den ersten Lebensjahren weiter aufgebaut, der uns auf ein bestimmtes Niveau von Glücklichsein und Traurigkeit hinsteuert. Das zeigt sich auch darin, dass in aller Regel Menschen, die einen schweren Schicksalsschlag erleben – wie einen Unfall mit Lähmungsfolgen – nach ca. zwei Jahren wieder auf demselben Zufriedenheitsniveau leben wie vor dem Unfall. Genauso ergeht es interessanterweise Menschen mit sehr positiven Erlebnissen wie bspw. einem hohen Lottogewinn.

Eine bestimmte Grundstruktur eines Gehirns verlangt also zunächst einmal nach einem bestimmten Grad von Glück und Traurigkeit. Diesen Grad erreichen wir durch die gewohnten Denk- und Handlungsweisen. Genauso verhält es sich mit Stress: Wenn Sie also bspw. eine Autobahn für das Sorgen-Machen in Ihrem Gehirn gelegt haben, ist damit ein bestimmtes Stressniveau verbunden, ein bestimmter Grad an Glücklich- bzw. Unglücklichsein. Zwanghaft wird Ihr Gehirn in diesem Falle versuchen, dieses Stressniveau immer wieder herzustellen, indem Sie Sorgen-Gedanken denken. Das passiert dann wie oben beschrieben ohne Ihr bewusstes Zutun – im Energiesparmodus. Wenn Sie diese neurologischen Hintergründe nicht kennen, werden Sie diese Sorgen-Gedanken und den damit einhergehenden Stressmechanismus für absolut berechtigt halten – so als gäbe es in Ihrem Leben nun einmal viel, um das Sie sich sorgen müssten. Wissenschaftlich betrachtet sind die Sorgen aber nichts anderes als eine biochemische Reaktion, die den als hormonellen Norm-Zustand festgelegten Status herzustellen sucht. Sich diesen Prozess bewusst zu machen, ist der erste Schritt dahin, Macht über ihn zu gewinnen und Ihr Gehirn Schritt für Schritt umzuprogrammieren.

Benutzen wir unser Gehirn auf andere Art und Weise, können durch neue Gedanken und neue Verhaltensweisen auch ganz langsam neue Bewertungsmaßstäbe entstehen und die Norm für unser Glücklichsein kann sich verschieben. Im besten Fall entsteht dann eine Art innerer Zwang, die neuen, stärkenden Gedanken zu denken und Handlungen auszuführen, um die neue (glücklichere/stressresistentere) Norm zu erfüllen. Menschen, die regelmäßig Sport treiben, also bspw. morgens vor der Arbeit joggen gehen oder Yoga-Übungen machen, kennen vielleicht das gute Gefühl, dass sich nach einiger Zeit des wiederholten Trainings einstellt: Der Körper will sich bewegen. Man spürt den inneren Drang zu laufen oder sich zu dehnen und die Muskeln arbeiten zu lassen. So können die morgendlichen Übungen zu einer Gewohnheit werden – so selbstverständlich wie das Zähneputzen. Wenn wir das geschafft haben, kostet es uns kaum noch Anstrengung, uns zu der morgendlichen Aktivität zu überwinden. Das Training hat sich natürlicherweise in unseren Tagesablauf integriert.

WO EIN WILLE IST, IST ALSO AUCH EIN WEG, UND DIESER WEG BEGINNT MIT DER ENTSCHEIDUNG, DAS EIGENE GEHIRN ANDERS ALS BISHER UND ZWAR ZU UNSEREM BESTEN NUTZEN ZU GEBRAUCHEN.

In den zu Beginn des Kapitels beschriebenen Studienergebnissen zum Einfluss der Gedanken auf unser Sein haben wir gesehen, dass wir viel Willenskraft, Disziplin und geistige Anstrengung aufwenden müssen, um das Gehirn von den vertrauten Pfaden oder besser Autobahnen abzubringen und neue neuronale Muster wachsen zu lassen.

→ Die erste gute Nachricht ist: Es funktioniert!
→ Die zweite gute Nachricht ist: Die Anstrengung, sich selbst mit neuen, kräftigenden Gedanken auf einen gesünderen Pfad zu bringen, wird im Laufe der Zeit immer kleiner. Denn mit jeder Wiederholung des neuen Gedankens, der neuen Handlung wird die entsprechende neuronale Verbindung in Ihrem Gehirn stärker, wird ganz langsam aus dem Feldweg, eine Straße und irgendwann eine neue Autobahn – während die alten neuronalen „Straßen", die jetzt erst immer weniger und dann gar nicht mehr benutzt werden, langsam verkümmern. Wenn das passiert, lässt der innere Zwang nach den alten Gedanken und Handlungen mehr und mehr nach und Sie beginnen, neue Gewohnheiten zu entwickeln – und so zielgerichtet mehr Gelassenheit und Stressresistenz aufzubauen.

3.4   Wie verführe ich meinen Elefanten?

Wenn Sie bis hierhin gelesen haben, hat Ihr bewusstes Denken sicher verstanden, welchen Einfluss Ihr Gehirn auf Ihr Stressempfinden hat. In den folgenden Kapiteln, besonders in Kapitel 5 und 6, werden Sie viele Techniken, Tipps und Ideen finden, mit denen Sie Ihre Denk- und Handlungsweise zielgerichtet verändern können. Auf diesem Weg navigieren Sie sich mithilfe Ihres StressRadars® sicher durch Ihre individuellen Stresszonen.

Damit all die guten Vorsätze, die Sie sich beim Lesen dieses Buches machen, nicht wie so mancher Neujahrsvorsatz im Sande verläuft, müssen Sie zudem Ihren „inneren Schweinehund" überwinden. Dieser unbewusste Teil Ihres Gehirns bewegt sich doch wie schon beschrieben so viel lieber auf Ihren „Energiesparautobahnen", denkt und tut immer dasselbe und führt somit das gewohnte und als Norm-Zustand etablierte Gefühlsniveau herbei.

Der amerikanische Psychologe Jonathan Haidt hat in seinem Buch „Die Glückshypothese" ein – wie ich finde – sehr anschauliches Bild entwickelt: das Bild vom Reiter und dem Elefanten. Der Reiter repräsentiert dabei das Bewusstsein, der Elefant das Unbewusste. Der erhebliche Größenunterschied der beiden ist nicht zufällig gewählt, so kann der Reiter doch noch so genau wissen, wo er hinwill – wenn der viel schwerere und stärkere Elefant sich dagegen wehrt und einfach stehen bleibt oder in eine andere Richtung läuft, kann der Reiter sein Ziel nicht erreichen.

Der Reiter muss also den Elefanten motivieren, sich in Bewegung zu setzen und in die gewünschte Richtung zu laufen. Genauso müssen Sie Ihr Unterbewusstsein dazu verführen, den gewohnten, ausgetretenen (und vermeintlich sichereren, weil bekannten) Weg zu verlassen und sich auf eine neue Reise zu begeben.

Die Brüder Chip und Dan Heath, die sich seit vielen Jahren in Theorie und Praxis mit Veränderungsprozessen beschäftigen, haben in ihrem Buch „Switch – How to change things when change is hard" ihre Erkenntnisse zu einer erfolgreichen Veränderungsstrategie mithilfe des von Jonathan Haidt kreierten Bildes vom Reiter und Elefanten beschrieben. In Anlehnung an diese Erkenntnisse finden Sie im Folgenden einige Anregungen, wie Sie Ihren Elefanten zu neuen Gedanken und Handlungen motivieren können.

Verbinden Sie Ihre Erfahrungen mit einem guten Gefühl

Positive Emotionen sind die Voraussetzung für Lernen. Beim Lernen wirken Botenstoffe – Endorphine (körpereigene Opiate) und Dopamine (Glückshormone) – wie der „Dünger" für Ihr Gehirn und unterstützen damit erheblich den Aufbau der gewünschten neuen neuronalen Verbindungen. So konnte auch die ältere, erblindete Dame im Beispiel oben nach sehr kurzer Zeit die Brailleschrift beherrschen, da diese Fähigkeit ihr das sehnlich erwünschte Lesevergnügen bescherte. Suchen Sie sich daher für Sie reizvolle Maßnahmen zur Stressbewältigung aus dem reichhaltigen Angebot der folgenden Kapitel aus. Und machen Sie sich das positive Gefühl, das mit der Maßnahme einhergeht oder sich danach einstellt, immer wieder bewusst. Nehmen Sie wahr, wie gut Ihnen zum Beispiel die erste Probestunde in einer Entspannungstechnik getan hat, wie wohl und ausgeglichen Sie sich danach gefühlt haben, und verführen Sie mit diesem Gefühl Ihren Elefanten zur nächsten Stunde. Genauso können Sie daran denken, wie frei Sie sich fühlten, als Sie es zum ersten Mal geschafft haben, mit anderen, stärkenden Gedanken an eine Aufgabe heran- oder in eine Situation hineinzugehen, die Sie früher belastet hat. Je öfter Sie sich diese positiven Gefühle als kleine erste Erfolgserlebnisse bewusst machen, desto leichter wird es Ihnen fallen, an Ihrem Vorhaben dranzubleiben.

Machen Sie kleine Veränderungsschritte

Planen Sie Anzahl und Größe der Schritte auf Ihrem Veränderungsweg so, dass Sie Ihren Elefanten nicht verschrecken und ihm keine Chance lassen, Ausreden zu (er-)finden. Setzen Sie sich Ziele, die realistisch sind, die Sie erreichen können und deren Umsetzung Ihnen Erfolgserlebnisse beschert. Es nutzt gar nichts, sich nach dieser Lektüre einen vollgestopften und ausgeklügelten Anti-Stress-Plan zu machen, nur um dann schon nach 1–2 Wochen zu merken, dass Sie gar nichts davon geschafft haben. Ihr Elefant war sicherlich von vorneherein nicht überzeugt von diesem Plan. Achten Sie auf das Machbare und darauf, dass Sie auch noch Spaß bei der Sache haben können, dann wird Ihr Elefant gerne mit Ihnen gehen. Wie oben gesagt, sind beim Lernen und Integrieren einer neuen Maßnahme Freude und Wiederholung wichtig. Nehmen Sie sich lieber nur eine Sache vor und machen Sie diese regelmäßig, damit sich hierbei ein Automatismus entwickeln kann, wie oben beim Jogging oder Yoga-Training beschrieben. Wenn Sie merken, dass Sie sich zu viel vorgenommen haben, verkleinern Sie Ihr Vorhaben, verkürzen Sie besser die aufgewandte Zeit, nicht die Regelmäßigkeit – und bleiben Sie dran.

Verinnerlichen Sie Ihr Wachstum

Überdenken Sie Ihren „mindset" (vgl. „fixed" und „growth mindset" zu Anfang des Kapitels) und machen Sie sich Ihre Wachstumsmöglichkeiten bewusst. Entscheiden Sie sich für ein neues Selbstbild, bspw. „Ich bin der regelmäßige Jogger" oder „Ich bin ein Mensch, der gut für sich sorgt" und machen Sie sich dieses neue Selbstbild immer wieder in Ihren Gedanken bewusst. Das Idealbild Ihrer eigenen Person, das Sie dabei entwerfen, ist von großer Bedeutung für Ihre Zielerreichung.

Akzeptieren Sie Rückschläge oder „Fehler" als notwendige Schritte auf Ihrem Entwicklungsweg. Trauen Sie sich, Fehler zu machen, und lernen Sie daraus. So werden Sie bei dem, was Sie tun, immer besser werden. Oder wie der im letzten Jahrhundert lebende dänische Kernphysiker und Nobelpreisträger Niels Bohr sagte: „Ein Experte ist jemand, der alle Fehler bereits gemacht hat, die in seinem begrenzten Feld gemacht werden können."

Am Ende des sechsten Kapitels finden Sie einen Abschnitt, der Sie dabei unterstützt, neue und stärkende Gewohnheiten in Ihr Leben zu integrieren und sich nicht durch alte Muster von diesem Weg abbringen zu lassen. Dort finden Sie in Anlehnung an die Erkenntnisse der Heath-Brüder neben obigen Ausführungen auch Anregungen zum Umgang mit Ihrem Reiter und zum Gestalten der Rahmenbedingungen eines Veränderungsprozesses, um erfolgreich zum Ziel zu gelangen.

In den ersten Kapiteln dieses Buches haben Sie nun die Hintergründe zum Phänomen „Stress" kennen gelernt. Sie wissen, was bei Stress in Ihrem Körper passiert, wie Ihr Gehirn funktioniert und welche Rolle Ihr Gehirn in Ihrem Veränderungsprozess hin zu mehr Kraft und Gelassenheit spielt. Das Verstehen dieser Hintergründe und Zusammenhänge ist schon der erste Schritt zu Ihrem persönlichen StressRadar®.

Der notwendige zweite Schritt besteht darin, Ihre Stress auslösenden Gedanken und Handlungsweisen zu erkennen. In diesem Kapitel haben Sie sicher schon einige für Sie typische Gedankenmuster erkannt. Im nächsten Kapitel „Diagnose der Stressmuster" können Sie dies weiter vertiefen.

Der dritte Schritt des StressRadar®-Trainings beschäftigt sich mit der Stressbewältigung. Diese umfasst eine kurzfristige und eine langfristige Komponente. Die Kombination beider Komponenten ermöglicht, dass Sie sich sowohl in stressbelasteten Situationen kurzfristig Ausgleich schaffen als auch langfristig eine höhere Stressresistenz erreichen können.

1. **Ausgleich schaffen**
   Es ist wichtig, neue Erfahrungen zu machen, die durch Wiederholung Veränderungen in Ihrem Gehirn hervorrufen und so auf Dauer zu einer Art Zwang werden, das neue Verhalten zu zeigen. Wie oben für die Erfahrung des regelmäßigen Joggens oder Yoga-Trainings beschrieben, setzt dieses Verhalten positive Botenstoffe frei, die mit guten Gefühlen verbunden sind, und Ihr Gehirn bekommt mit der Zeit immer mehr Lust auf diesen neuen Hormon-Cocktail. So entsteht ein positiver, sich selbst verstärkender Kreislauf. In Kapitel 5 „Ausgleich schaffen" finden Sie viele Beispiele, Tipps und Tricks für solche neuen Erfahrungen auf Körper- und Gedankenebene.

2. **Resistenz stärken**
   Haben Sie Ihre Stress auslösenden Denk- und Handlungsmuster erkannt, besteht die Möglichkeit, diese nach und nach durch andere – nämlich stärkende – Muster zu ersetzen. In Kapitel 6 „Resistenz stärken" finden Sie solche förderlichen Denk- und Handlungsmuster und bekommen Anregungen, wie sie diese in Ihre Persönlichkeit integrieren können. So erreichen Sie nachhaltig mehr Stabilität, Kraft und Gelassenheit in Ihrem Leben.

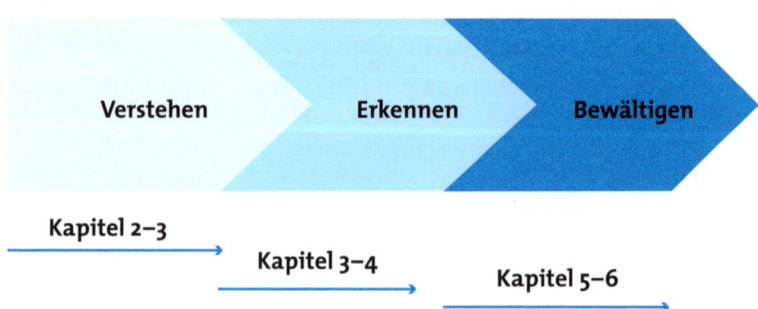

4 Diagnose der Stressmuster

4.1 Wie wahr ist unsere Wirklichkeit?

Unser Gehirn nimmt all das wahr, was in unserer äußeren und inneren Welt passiert – immer mit dem Zweck, frühzeitig zu bemerken, wenn unser inneres Gleichgewicht bedroht ist. Und sobald wir in ein inneres Ungleichgewicht (in Bezug auf unsere Norm-Gleichgewichte, vgl. Kapitel 3) geraten, löst unser Gehirn Reaktionen aus, um die innere Ordnung so schnell wie möglich wiederherzustellen. Beispielsweise bekommen wir Durst als Reaktion darauf, dass die Salzkonzentration im Blut nicht stimmt, oder unser Herz schlägt schneller, damit die Muskeln während einer Stressreaktion mit mehr Sauerstoff (zum Kämpfen oder Fliehen, vgl. Kapitel 2) versorgt werden.

Auf dieser Ebene der Wahrnehmungsfähigkeit leistet das menschliche Gehirn zunächst einmal das, was auch die Gehirne von Tieren können. Die Besonderheit des menschlichen Gehirns liegt darin, dass es diese Wahrnehmung als mehr oder weniger wichtig bewerten kann. Wir können also ganz bestimmten Veränderungen unserer äußeren und inneren Welt eine hohe Bedeutung geben. Wie funktioniert das? Indem wir die neuronalen Verschaltungen, die mit dieser Veränderung verbunden sind, besonders häufig und intensiv aktivieren. Wie schon in Kapitel 3 beschrieben, verstärken sich auf diesem Wege die neuronalen Verschaltungen und führen zu einer häufigeren Nutzung dieser Verbindung. Wir haben somit unsere Sinne für die Wahrnehmung dieser Veränderung „geschärft".

Nehmen wir einmal an, Sie haben in der Beziehung zu anderen Ihre Wahrnehmung besonders auf die positiven Signale, die Sie von anderen Menschen empfangen, geschärft (wie bspw. Lächeln, zugewandte Haltung etc.). Dann werden Sie diese im Zusammensein mit anderen besonders intensiv wahrnehmen und sich so geborgen und erwünscht fühlen. Geben Sie hingegen eher ablehnenden Signalen anderer Menschen eine hohe Bedeutung (vielleicht um frühzeitig zu erkennen, wenn Sie etwas „falsch" gemacht haben), werden Sie diese auch verstärkt wahrnehmen und sich somit schneller abgelehnt fühlen als andere.

Auch für Ihre Körperwahrnehmung gelten dieselben Prozesse. Haben Sie diese bspw. im Hinblick auf Ihre innere Flüssigkeitsregulierung geschärft, werden Sie frühzeitig bemerken, dass Sie Durst haben, und dementsprechend schnell darauf reagieren können. Gehören Sie allerdings zu den Menschen, die erst nach Stunden merken, dass Sie sich total ausgetrocknet fühlen, dann haben Sie Ihre Wahrnehmung für diese Veränderungen sozusagen „ent-schärft".

Wir können also unsere Sinne abstumpfen, indem wir bestimmte Wahrnehmungen unterdrücken; das passiert zunächst bewusst und danach – sobald die hierfür erforderlichen Verschaltungen gelegt sind – unbewusst. Diese „Fähigkeit" des menschlichen Gehirns kann, wie Sie an den hier beschriebenen Beispielen gesehen haben, dazu führen, dass wir die Signale unterdrücken, die uns rechtzeitig auf eine Überlastung hingewiesen hätten, oder diejenigen Signale verstärkt wahrnehmen, die uns weiter in eine Überlastung hineinrennen lassen. Im Verlaufe des Kapitels werden Sie lernen, wie Sie aufmerksamer für diese Signale werden können.

→ Aufgabe

Nachstehend finden Sie einige Bilder, an denen Sie Ihre eigene (visuelle) Wahrnehmung überprüfen können. Bitte schauen Sie sich die Bilder genau an und fragen Sie sich, was Sie sehen:

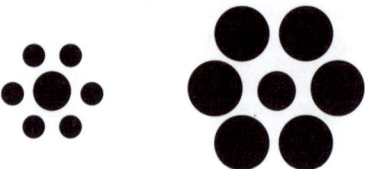

Bild 1: Welcher der beiden mittleren Punkte ist größer?

Bild 2: Was sehen Sie, Mann oder Maus?
(Nach Michalko, Michael: Thinkertoys, Berkeley 2006)

Bild 3: Was sehen Sie, alte oder junge Frau?

Bild 4: Was sehen Sie, Hase oder Ente?
(Nach Sehpard, Roger N.: Mind Sights, 1990)

Bild 5: Welcher der beiden Türme ist schiefer?
(Kingdom, Frederick / Yoonessi, Ali / Georghiu, Elena: „The leaning tower illusion",
First Prize, Best Visual Illusion of the Year, McGill University, Kanada 2007)

Auflösung:

Bild 1: Unglaublich, aber wahr. Die Punkte sind gleich groß! Der Bezugsrahmen verändert unsere Wahrnehmung.

Bild 2, 3 sind Kippbilder: Sie können beides sehen, je nachdem worauf Sie Ihre Aufmerksamkeit lenken.

Bild 4: Wenn Sie die Ente nicht sehen können, dann drehen Sie das Buch einmal mit einer Vierteldrehung nach rechts. Sehen Sie die Ente jetzt? Ihre veränderte Perspektive führt zu einer anderen Wahrnehmung.

Bild 5: Ob Sie es glauben oder nicht, beide Türme sind gleich schief. Messen Sie mit einem Geodreieck nach!

„The question is not what you look at, but what you see", sagte der amerikanische Philosoph Henry David Thoreau schon im 19. Jahrhundert.

Was wir wahrnehmen, ist also keine objektive Realität, sondern nur unsere subjektive Wirklichkeit. Und diese subjektive Wirklichkeit ist geprägt durch die Struktur unseres Gehirns, die wiederum geprägt ist durch unsere ererbte Hirnarchitektur, unsere Erziehung, unsere Werte, Haltungen und Glaubenssätze. Diese Prägungsfaktoren bezeichnet man auch als Wahrnehmungsfilter. Und unsere Wahrnehmungsfilter führen dazu, dass wir gewisse Veränderungen in unserer äußeren und inneren Welt in einer bestimmten Intensität wahrnehmen oder eben nicht.

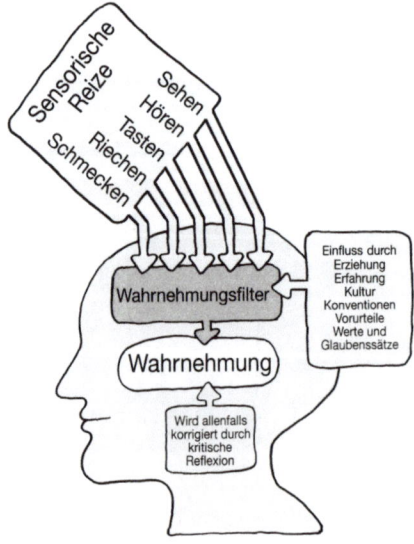

Quelle: Bucher, Otmar: Kopfwelten. Neue Zürcher Zeitung, Zürich 2010, S. 109

JEDE ERFAHRUNG, DIE WIR IN UNSEREM LEBEN GEMACHT HABEN, HINTERLÄSST EINEN ABDRUCK IM GEHIRN – EINE ERINNERUNG.

Wenn wir glauben, wir sehen das, was tatsächlich um uns herum ist, dann sehen wir in Wirklichkeit nur ca. 1 % dessen, was wir glauben zu sehen. Wir können nur einen daumengroßen Ausschnitt mit unseren Augen scharf wahrnehmen, die restlichen 99 % werden aus dem, was im Gedächtnis vorhanden ist, ergänzt.

Durch diese neuronalen Ergänzungen aus unserer Erinnerung vervollständigen wir unbewusst das Bild und haben so den Eindruck einer objektiven Realität. Aber Vorsicht! Wir suchen uns nur einen sehr geringen Teil der Wirklichkeit aus, den wir tatsächlich scharf, d.h. bewusst, wahrnehmen. Welcher Teil das ist, hängt mit unseren Wahrnehmungsfiltern zusammen.

> Halten Sie sich einmal Ihren Daumen mit dem Abstand Ihrer Armlänge vor die Augen und fokussieren Sie Ihren Daumen. Stellen Sie sich nun vor, dass nur der Bereich Ihres Daumens der tatsächlichen Wirklichkeit entspricht. Nahezu alles andere kommt aus Ihrem Gedächtnis. Unglaublich! Doch Sie haben wahrscheinlich schon erlebt, dass Sie sich mit einer anderen Person über ein bestimmtes Ereignis unterhalten und Sie bestimmte Dinge völlig anders erlebt haben als Ihr Gesprächspartner – bis dahin, dass Sie der Meinung sind, dass das Ereignis ganz anders abgelaufen ist. Darüber lässt sich vortrefflich streiten. Sie beide werden Ihre Meinung verteidigen, denn Sie wissen ja, wie es wirklich gewesen ist. Oder nicht? Sie wissen jedenfalls, was Sie wirklich wahrgenommen haben, aber ob das auch der objektiven Realität entsprach, wissen Sie nicht.

JEDER MENSCH KREIERT AUFGRUND SEINER WAHRNEHMUNGSFILTER UND SEINER ERINNERUNGEN SEINE GANZ PERSÖNLICHE WIRKLICHKEIT. DER VOR ALLEM IN DER SYSTEMISCHEN THEORIE BENUTZTE BEGRIFF DES KONSTRUKTIVISMUS BESCHÄFTIGT SICH MIT DIESEM PHÄNOMEN.

Das Gehirn entscheidet ohne unser bewusstes Dazutun darüber, welche Informationen für uns so wichtig sind, dass wir sie bewusst wahrnehmen. Eine wichtige Stellgröße für diese Entscheidung sind unsere Glaubenssätze. Hinter diesen stecken oft elterliche Botschaften, die wir in unserer Kindheit unreflektiert übernommen haben. Als Kinder glaubten wir, was uns gesagt wurde, hinterfragten es nicht und übernahmen das, was wir erlebten, als unsere persönliche Wirklichkeit. Folgten wir in der Kindheit diesen elterlichen Anweisungen, konnten wir uns der Anerkennung unserer Bezugspersonen ziemlich sicher sein – d.h., wir fühlten uns akzeptiert. Mit diesen elterlichen Anweisungen hatten wir als Kinder ein Muster zur Hand, an dem wir uns in neuen

Situationen orientieren konnten, um auch hier die Zuneigung andere Menschen zu erhalten. Auch als Erwachsene folgen wir immer noch unbewusst diesem gelernten Muster, es ist zu einem wichtigen Wahrnehmungsfilter geworden und beeinflusst somit unser Denken und Handeln und unser Bild von der Welt.

Manche dieser elterlichen Botschaften wirken im Hinblick auf unseren Umgang mit Stress unterstützend, zum Beispiel „Nimm es locker!", andere können die Belastung erst auslösen oder diese verstärken, zum Beispiel „Ohne Fleiß kein Preis!" oder auch „Ein Indianer kennt keinen Schmerz". Wir können diesen Denkmustern sogar so weit folgen, dass wir die entsprechenden Emotionen (bspw. Schmerz) nicht mehr wahrnehmen, obwohl sie da sind. Weil unser Verhalten grundsätzlich von diesen Mustern angetrieben wird, nennt man sie auch „innere Antreiber". Bis zu einem gewissen Grad können diese Antreiber als Leitlinien für ein erfolgreiches Leben hilfreich sein. Manchmal aber gehen wir zu weit, verfolgen zwanghaft die Erfüllung der elterlichen Erwartungen, die nun zu unseren eigenen Erwartungen geworden sind, und setzen uns damit selbst unter Druck.

Das Konzept der inneren Antreiber wurde von dem US-amerikanischen Psychologen Taibi Kahler und seinen Mitarbeitern schon Ende der 70er-Jahre des letzten Jahrhunderts entwickelt und hat seine Ursprünge in der psychologischen Theorie der Transaktionsanalyse, begründet von Kahlers Kollegen Eric Berne. Taibi Kahler fand in seinen Studien diese fünf Antreiber heraus, die großen Einfluss auf unser Denken, Fühlen und Handeln haben:

1. Sei perfekt!
2. Beeil dich!
3. Streng dich an!
4. Mach's allen recht!
5. Sei stark!

UNSERE ANTREIBER BEEINFLUSSEN DIE ART UND WEISE, WIE WIR DIE WELT WAHRNEHMEN, INDEM WIR UNSERE AUFMERKSAMKEIT AUF BESTIMMTE DINGE RICHTEN. DIESE WAHRNEHMUNG BEEINFLUSST UNSER WOHLBEFINDEN UND UNSER STRESSEMPFINDEN. WENN WIR EINFLUSS AUF UNSER STRESSEMPFINDEN NEHMEN WOLLEN, MÜSSEN WIR UNS ZUNÄCHST UNSERE INNEREN ANTREIBER BEWUSST MACHEN.

Der nachfolgende Fragebogen ermöglicht Ihnen, die Intensität Ihrer persönlichen inneren Antreiber zu erkennen (nach den Schweizer Psychologen Karl Kälin und Peter Mürli: Sich und andere führen, Bern 2005):

→ Antreiber-Fragebogen

Denken Sie bei der Beantwortung der Fragen nicht lange nach, sondern antworten Sie spontan und so, wie Sie sich im Moment selbst erleben.

Beurteilen Sie, inwieweit die folgenden Aussagen auf Sie zutreffen, anhand folgender Bewertungsskala:

Voll und ganz	=	5
Gut	=	4
Etwas	=	3
Kaum	=	2
Gar nicht	=	1

Schreiben Sie dann den entsprechenden Zahlenwert vor die Aussage.

Fragen:

1		Wann immer ich eine Arbeit mache, dann mache ich sie gründlich.
2		Ich fühle mich verantwortlich, dass diejenigen, die mit mir zu tun haben, sich wohl fühlen.
3		Ich bin ständig auf Trab.
4		Anderen gegenüber zeige ich meine Schwächen nicht gerne.
5		Wenn ich raste, roste ich.
6		Häufig brauche ich den Satz: „Es ist schwierig, etwas so genau zu sagen."
7		Ich sage oft mehr, als eigentlich nötig wäre.
8		Ich habe Mühe, Leute zu akzeptieren, die nicht genau sind.
9		Es fällt mir schwer, Gefühle zu zeigen.
10		„Nur nicht locker lassen" ist meine Devise.
11		Wenn ich eine Meinung äußere, begründe ich sie auch.
12		Wenn ich einen Wunsch habe, erfülle ich ihn mir schnell.
13		Ich liefere einen Bericht erst ab, wenn ich ihn mehrere Male bearbeitet habe.
14		Leute, die „herumtrödeln", regen mich auf.
15		Es ist für mich wichtig, von anderen akzeptiert zu werden.
16		Ich habe eher eine harte Schale, aber einen weichen Kern.

17		Ich versuche oft herauszufinden, was andere von mir erwarten, um mich danach zu richten.
18		Leute, die unbekümmert in den Tag hinein leben, kann ich nur schwer verstehen.
19		Bei Diskussionen unterbreche ich die anderen oft.
20		Ich löse meine Probleme selbst.
21		Aufgaben erledige ich möglichst rasch.
22		Im Umgang mit anderen bin ich auf Distanz bedacht.
23		Ich sollte viele Aufgaben noch besser erledigen.
24		Ich kümmere mich persönlich auch um nebensächliche Dinge.
25		Erfolge fallen nicht vom Himmel; ich muss sie mir hart erarbeiten.
26		Für dumme Fehler habe ich wenig Verständnis.
27		Ich schätze es, wenn andere auf meine Fragen rasch und bündig antworten.
28		Es ist mir wichtig, von anderen zu erfahren, ob ich meine Sache gut gemacht habe.
29		Wenn ich eine Aufgabe einmal begonnen habe, führe ich sie auch zu Ende.
30		Ich stelle meine Wünsche und Bedürfnisse zugunsten derer anderer Personen zurück.
31		Ich bin anderen gegenüber oft hart, um von ihnen nicht verletzt zu werden.
32		Ich trommle oft ungeduldig mit den Fingern auf den Tisch.
33		Beim Erklären von Sachverhalten verwende ich gerne die klare Aufzählung: „Erstens ...; zweitens ...; drittens ...“
34		Ich glaube, dass die meisten Dinge nicht so einfach sind, wie viele meinen.
35		Es ist mir unangenehm, andere Leute zu kritisieren.
36		Bei Diskussionen nicke ich häufig mit dem Kopf.
37		Ich strenge mich an, um meine Ziele zu erreichen.
38		Mein Gesichtsausdruck ist eher ernst.
39		Ich bin nervös.

40		So schnell kann mich nichts erschüttern.
41		Meine Probleme gehen die anderen nichts an.
42		Ich sage oft: „Macht mal vorwärts."
43		Ich sage oft: „genau", „exakt", „klar", „logisch".
44		Ich sage oft: „Das verstehe ich nicht ..."
45		Ich sage eher: „Könnten Sie es nicht einmal versuchen?", als: „Versuchen Sie es einmal!"
46		Ich bin diplomatisch.
47		Ich versuche, die an mich gestellten Erwartungen zu übertreffen.
48		Beim Telefonieren bearbeite ich nebenbei oft noch Akten.
49		„Auf die Zähne beißen" heißt meine Devise.
50		Trotz enormer Anstrengung will mir Vieles einfach nicht gelingen.

→ Auswertung: 1. Schritt

Zur Auswertung des Fragebogens übertragen Sie jetzt bitte Ihre Bewertungszahlen für jede entsprechende Fragennummer in den folgenden Auswertungsschlüssel. Zählen Sie dann die Bewertungszahlen zusammen.

Sei perfekt!	1	8	11	13	23	24	33	38	43	47	Summe
Wertung											
Beeil dich!	3	12	14	19	21	27	32	39	42	48	Summe
Wertung											
Streng dich an!	5	6	10	18	25	29	34	37	44	50	Summe
Wertung											
Mach's allen recht!	2	7	15	17	28	30	35	36	45	46	Summe
Wertung											
Sei stark!	4	9	16	20	22	26	31	40	41	49	Summe
Wertung											

→ **Auswertung: 2. Schritt**

Übertragen Sie bitte die Punktesummen als Balken in dieses Diagramm.

	2	4	6	8	10	12	14	16	18	20	22	24	26	28	30	32	34	36	38	40	42	44	46	48	50
Sei perfekt!																									
Beeil dich!																									
Streng dich an!																									
Mach's allen recht!																									
Sei stark!																									

Was sagen diese Bewertungen über Sie aus?

In erster Linie bekommen Sie durch die Übertragung der Summen in das Zahlenschema einen Überblick, in welchem Verhältnis zueinander Ihre Antreiber ausgeprägt sind. Was die Intensität des Antreibers betrifft, kann man ganz grob sagen, dass diese

→ *bei einer Höhe von bis zu 30 Punkten im Allgemeinen förderlich für Ihr Leben und Ihre Gesundheit ist,*

→ *bei einer Höhe ab 30 Punkten leistungsbeeinträchtigend und*

→ *bei einer Höhe von über 40 Punkten möglicherweise gesundheitsgefährdend sein könnte.*

Bitte nehmen Sie Ihre Werte als Richtgrößen und die Beschreibungen der möglichen Auswirkungen als Tendenzaussagen. Ein solcher Fragebogen kann niemals eine 100% korrekte Aussage über Ihre Persönlichkeit treffen. Dieser Anspruch kann und soll hier nicht erhoben werden. Sicherlich wird Ihnen Ihr Ergebnis Schwerpunkte Ihrer Persönlichkeit bewusst machen, die Sie vielleicht schon von sich kennen und die sowohl mit bestimmten Erfolgsstrategien als auch Sorgen oder inneren Zwängen verbunden sind. Im Kapitel 6 „Resistenz stärken" finden Sie Anregungen, wie Sie mit Ihren Ergebnissen aus dem Fragebogen weiterarbeiten können.

Inzwischen dürfte Ihnen bereits klar geworden sein, worin das Hauptproblem dieser unreflektiert übernommenen Antreiber besteht. Die auf unseren Antreibern basierenden Denk- und Verhaltensmuster geben uns den Orientierungsrahmen für das, was wir für „richtig" oder „falsch" halten. Insofern definieren Sie unseren „Normal"-

Zustand. Daher merken wir nicht, dass wir manchmal im Vergleich zu anderen Menschen extrem denken und uns entsprechend verhalten.

Wenn Sie bspw. einen sehr starken Beeil-dich-Antreiber haben und Sie immer alles sehr schnell machen müssen (weil Sie auf keinen Falle etwas verpassen wollen), dann werden Sie voraussichtlich einerseits von anderen genervt sein, die nicht so schnell sind wie Sie. Andererseits werden Sie solche Signale Ihres Körpers eher nicht wahrnehmen, die zeigen, dass Sie dringend eine Ruhepause brauchen. Sie haben dann wahrscheinlich Ihren Sinnen im Laufe der Jahre abtrainiert, Frühwarnsignale wie ein rasendes Herz, Druck im Magen oder Müdigkeit zu bemerken, damit diese Sie nicht von Ihrem Vorhaben abbringen, besonders schnell zu sein. Denn genau von diesem Verhalten haben Sie ja gelernt, dass es Ihnen Akzeptanz und Wertschätzung bringt. Sie ignorieren dann also unbewusst diese Signale und machen einfach schnell weiter. Oft benutzen wir unseren Körper wie eine Maschine – er hat zu funktionieren. Und wenn er so laut „muckt", dass wir es nicht länger „überhören" können, nehmen wir Medikamente, die ihn erst einmal wieder funktionieren lassen.

Besonders gefährlich ist dieses Verhalten, wenn der Körper nach Stresssituationen dringend nach einer Entspannungsphase verlangt, um sich von der vorangegangenen Anspannung zu erholen (vgl. Kapitel 2 zu Anspannung und Entspannung). Wenn Sie die entsprechende Wahrnehmung dieses Bedürfnisses „deaktiviert" haben, werden Sie sich voraussichtlich direkt in die nächste Aufgabe, in die nächste Ablenkung stürzen. Die Maschine funktioniert ja prima. Die ersten Anzeichen eines möglichen „Defektes" werden nicht wahrgenommen. So müssen diese Signale immer stärker werden, so lange, bis sie endlich „gehört" werden. In diesem Sinne wird aus dem rasenden Herzen eine Herz-Rhythmus-Störung, aus den Rückenschmerzen ein Bandscheibenvorfall oder aus leichten Gefühlsschwankungen eine depressive Störung. Der Betroffene hat dann oft das Gefühl, dass die Krankheit sozusagen aus dem Nichts gekommen ist, weil er die vorangegangenen Signale nicht empfangen hat.

Sie sehen also, dass Stress kein linearer Prozess ist, im Sinne von aus A folgt B, sondern ein hochkomplexes, individuelles Erleben. Was für den einen Stress ist, macht dem anderen gar nichts aus. Und da dieser Prozess nicht nur individuell so unterschiedlich ist, sondern auch noch weitestgehend unbewusst abläuft (vgl. Kapitel 2 und 3), ist es umso entscheidender, dass wir aufmerksam für uns selbst werden.

Richten Sie Ihren persönlichen StressRadar® aus, indem Sie Ihre Warnsignale für potenziell bedrohliche Veränderungen in Ihrer äußeren und inneren Welt möglichst frühzeitig wahrnehmen.

Lernen Sie sich selbst kennen! Wie fühlt sich Ihr Innenleben auf Körper-, Gedanken- und Gefühlsebene an, wenn alles in Ordnung ist. Und wie hingegen, wenn Ihr System die ersten Signale für mögliche bedrohliche Veränderungen gibt.

WERDEN SIE SENSIBEL FÜR DIESE SIGNALE! WOHL WISSEND, DASS SIE DIE FÄHIGKEIT IN SICH HABEN, POTENZIELLE BEDROHUNGEN RECHTZEITIG ZU ERKENNEN – SIE MÜSSEN DIESE FÄHIGKEIT NUR WIEDER NEU ENTDECKEN.

4.2   Mit Achtsamkeit sich selbst erkennen

Die beste Möglichkeit, sich selbst und seine eigenen Frühwarnsignale kennen zu lernen, ist es, Achtsamkeit zu entwickeln. Der Begriff der Achtsamkeit hat seine Wurzeln im Buddhismus und beschreibt eine „... Ressource, die umfangreiche Wirkungen auf Gesundheit, Stressbewältigung, effektives Handeln und menschliche Beziehungen hat" (Weiss, Halko / Harrer, Michael / Dietz, Thomas: Das Achtsamkeitsbuch, Stuttgart 2010). Der Molekularbiologe Jon Kabat-Zinn hat seine eigenen Erfahrungen in der buddhistischen Achtsamkeitsmeditation mit Erkenntnissen der Verhaltensmedizin verknüpft und daraus Ende der 1970er-Jahre das „Mindfulness Based Stress Reduction" (MBSR) entwickelt, ein Programm zur Stressbewältigung durch Achtsamkeit. Einige der in diesem Kapitel vorgestellten Übungen basieren auf der Idee des MBSR.

Achtsamkeit setzt sich aus vier Bestandteilen zusammen:
1. Bewusste Lenkung der Aufmerksamkeit
2. Ausrichtung auf den gegenwärtigen Augenblick
3. Akzeptanz des Erlebens ohne Urteil, Kritik oder dem Wunsch, etwas verändern zu wollen
4. Etablierung eines „inneren Beobachters", der durch die Beobachtung der eigenen Gedanken, Gefühle und Handlungen Abstand zu ihnen schafft und somit die Identifikation mit ihnen verringert

Wie bereits beschrieben, gestalten wir unsere Erfahrungen durch die Auswahl der Informationen, auf die wir unsere Aufmerksamkeit lenken. Diese Auswahl beeinflusst das, was wir denken und fühlen, und durch Wiederholung dieser Auswahl auch die Architektur unseres Gehirns.

UM UNS SELBST BESSER KENNEN ZU LERNEN UND SO UNSERE TATSÄCHLICHEN STRESSMUSTER ZU IDENTIFIZIEREN, MÜSSEN WIR ALSO ZUNÄCHST EINMAL HERAUSFINDEN, WORAUF SICH UNSERE AUFMERKSAMKEIT RICHTET.

Wenn wir üben, die Welt und uns selbst mit einer Haltung der Achtsamkeit wahrzunehmen, hat dies zudem häufig eine entspannende Wirkung auf unseren Geist – und wie wir schon gelernt haben, wirkt sich das wiederum auf unseren Körper aus und das wieder auf unsere Gedanken usw.

Achtsam für sich selbst zu werden, seine körperlichen und geistigen Signale früh zu empfangen und zu verstehen, bedeutet aber auch, dass wir sensibler werden für das, was in uns passiert. So konnten wir früher erste Anzeichen von Überlastung wunderbar übergehen (wie bspw. erhöhte Nervosität oder peinigende Gedanken), weil wir diese Anzeichen gar nicht wahrgenommen haben. Nach einiger Zeit der Übung werden unsere Sinne geschärft, wir empfangen nun die Signale, spüren unsere Grenzen. Das kann zunächst einmal unangenehm sein. Doch machen Sie sich klar, dass diese Warnsignale auch vorher schon da waren. Sie haben sie durch das Üben nicht kreiert, sondern nehmen sie nun wahr. Dadurch haben Sie jetzt die Wahl, direkt darauf zu reagieren oder die Signale bewusst zu übergehen (im Sinne von: „Ich mache trotzdem jetzt noch keine Pause, aber sehe zu, dass ich heut Abend etwas für meine Entspannung tue"). Diese bewusste Wahlmöglichkeit macht Sie zum Entscheider. Unbewusste Prozesse hingegen machen Sie zum Opfer Ihrer selbst.

WENN SIE SICH IHRE INNEREN PROZESSE VERGEGENWÄRTIGEN, DANN SIND SIE „HERR DER LAGE" UND KÖNNEN EIGENVERANTWORTLICH ENTSCHEIDEN, WANN UND WIE SIE FÜR IHR WOHLBEFINDEN SORGEN!

Beispiele für Effekte erhöhter Achtsamkeit

Um Ihnen ein Gespür zu vermitteln, inwiefern eine erhöhte Achtsamkeit uns und unser Leben beeinflusst, finden Sie nachfolgend einige Beobachtungen bei Menschen, die häufig Achtsamkeit praktizieren (in Anlehnung an: Esch, Tobias: Die Neurobiologie des Glücks, Stuttgart 2012, S. 138):

- Sie kennen Momente der Entschleunigung und nehmen in diesen Momenten die Gegenwart mit allen Sinnen wahr.
- Sie versuchen immer wieder, ihre Umgebung so zu betrachten, als sähen sie sie zum ersten Mal.
- Sie sind bemüht, ihr eigenes Erleben sowie die Signale aus der Umgebung als das zu sehen, was sie sind – ohne sie zu bewerten oder zu interpretieren.
- Sie nehmen die Dinge weniger persönlich.
- Sie gehen offen, neugierig und ohne Vorurteile in die Begegnung mit anderen.
- Sie können gut zuhören, reden weniger und sagen, was sie meinen.
- Sie vermeiden Multitasking und konzentrieren sich voll auf die Sache, die sie gerade tun.
- Sie nehmen auch im Alltag immer wieder bewusst ihren Atem wahr.

- Sie nutzen Routineereignisse (bspw. das Telefonklingeln oder das Aufstehen) als Erinnerung, um tief durchzuatmen und so für einen kurzen Moment in der Gegenwart zu verweilen.
- Sie genießen das Essen und konzentrieren sich darauf.

Es ist das Ziel, über eine erhöhte Achtsamkeit bewusst zu erkennen, was wir denken und fühlen, und somit ein Frühwarnsystem aufzubauen, welches uns anhand unserer gedanklichen und körperlichen Signale Bedrohungen für unser inneres Gleichgewicht aufzeigt und so eine direkte und gegensteuernde Reaktion ermöglicht. Hierbei kann es sich entweder um Körpersignale wie Magendruck oder Müdigkeit handeln, aber auch um Gedankensignale wie bestimmte Sorgen, Ängste oder Antreiber.

DAS ERKENNEN DIESER REIZE ALS FRÜHWARNSIGNALE IST DIE NOTWENDIGE VORAUSSETZUNG, UM ENTSPRECHEND REAGIEREN ZU KÖNNEN, BEVOR SICH (WEITERER) STRESS AUFBAUT.

4.3 Erkennen von körperlichen Frühwarnsignalen

Für viele Menschen ist es zunächst ungewohnt, ihren Körper bewusst wahrzunehmen. Besonders für diejenigen unter uns, die ihren Körper eher als Maschine begreifen, die gefälligst zu funktionieren hat. In diesem Fall wird der Körper meist nur dann wahrgenommen, wenn irgendwo etwas schmerzt oder ein Defekt auftaucht. Die Körperwahrnehmung ist aber ein hervorragender Weg zur Gegenwärtigkeit. Damit ist eine gute Körperwahrnehmung nicht nur notwendige Voraussetzung, um die oben beschriebenen körperlichen Frühwarnsignale zu empfangen, sondern sie hilft darüber hinaus, sich von quälenden Sorgen und Nöten zu befreien, da sie Distanz zum Erlebten schafft.

Eine wunderbare Übung zur Erhöhung der Körperwahrnehmung ist der Body-Scan.

→ **Übung Body-Scan**
(Zeitbedarf: ca. 15 Minuten oder länger)

→ *Legen Sie sich auf den Rücken: Beine gestreckt, Füße schulterbreit auseinander, Zehen fallen nach außen, Arme gestreckt, leicht vom Körper weg, Handflächen zeigen nach oben, Finger leicht eingerollt, Kopf gerade und in Verlängerung der Wirbelsäule (ziehen Sie das Kinn kurz zum Brustbein und lassen Sie dann wieder los, dann liegt der Kopf meistens richtig).*

→ Schließen Sie die Augen und achten Sie darauf, bei der Übung wach zu bleiben. Wenn Sie dazu neigen, bei der Übung einzuschlafen, können Sie die Augen auch leicht geöffnet halten.

→ Nehmen Sie nun zunächst Ihr eigenes Körpergewicht auf der Unterlage wahr, spüren Sie, an welchen Stellen Ihr Körper auf der Unterlage aufliegt. Beobachten Sie Ihren Atem, wie sich Ihre Bauchdecke hebt und senkt – ganz von selbst, ohne dass Sie etwas dazu tun müssen. Und geben Sie Ihr Gewicht mit jedem Atemzug ein bisschen mehr an den Boden ab.

→ Während der Übung gehen Sie mit Achtsamkeit von Kopf bis Fuß durch Ihren gesamten Körper. Dabei nehmen Sie jeden Teil Ihres Körpers nacheinander wahr, ohne das Gefühl zu bewerten oder etwas verändern zu wollen. Sie beobachten nur. Bewegen Sie sich dabei nicht, bleiben Sie ganz still liegen.

→ Beginnen Sie mit dem rechten Fuß, erforschen Sie – ohne sich zu bewegen – Ihre Zehen, die Fußsohle, die Ferse, die Oberseite Ihres Fußes. Vielleicht nehmen Sie an den Stellen, die Sie beobachten, ein Kribbeln, Wärme, Kälte, Schwere, Leichtigkeit oder auch gar nichts wahr. Was auch immer Sie spüren oder nicht spüren, ist in Ordnung, es geht nur um Ihre Aufmerksamkeit für das, was in Ihrem Körper ist. Für manche Menschen ist die Vorstellung hilfreich, den Atem genau zu der Stelle zu lenken, die sie gerade beobachten, so als atmeten sie in diesem Moment durch ihren Fuß.

→ Gehen Sie nun langsam weiter mit Ihrer Wahrnehmung zum rechten Fußgelenk, der Wade, dem Unterschenkel, Knie, Oberschenkel bis zur rechten Hüfte.

→ Sobald Sie merken, dass Gedanken auftauchen (bspw. was Sie dringend heute noch einkaufen müssen), lassen Sie diese Gedanken weiterziehen und bringen Sie Ihre Aufmerksamkeit wieder auf Ihren Atem und auf das jeweilige Körperteil.

→ Reisen Sie auf diese Weise auch von Ihrem linken Fuß, die linke Seite hinauf bis hoch zur Hüfte.

→ Nehmen Sie dann Ihr Becken wahr und spüren Sie die Unterlage unter Ihrem Becken. Von da aus tasten Sie sich weiter mit Ihrer Aufmerksamkeit über Ihren unteren und oberen Rücken bis hin zum Bereich zwischen den Schulterblättern.

→ Spüren Sie auf der Vorderseite Ihres Körpers Bauch und Brust. Nehmen Sie die Bewegung des Atems wahr.

→ *Lassen Sie nun Ihre Wahrnehmung nach oben zu beiden Schultern und von dort aus in die Arme und Hände wandern, bis hin zu den Fingern und Fingerspitzen.*

→ *Zuletzt bringen Sie Ihre Aufmerksamkeit zu Ihrem Nacken und reisen von dort weiter den Hals hinauf, zum Kiefer und weiter zu Mund, Nase, Augen – zum ganzen Gesicht. Spüren Sie die Rückseite des Kopfes, wie sie auf der Unterlage ruht, und wandern Sie schließlich bis hinauf zum Scheitel.*

→ *Bleiben Sie für einige Atemzüge ruhig liegen und nehmen Sie Ihren Körper als Ganzes wahr. Was täte Ihnen jetzt gut? Vielleicht möchten Sie sich strecken und recken wie eine Katze, Ihr Gesicht mit den Händen massieren oder einfach einen tiefen, frischen Atemzug nehmen. Tun Sie es! Und öffnen Sie dann mit der nächsten Einatmung wieder Ihre Augen.*

Hat Ihnen diese Übung gefallen? Diese Übung erhöht nicht nur Ihre Körperwahrnehmung, sondern ist auch sehr entspannend. Wenn Sie sie öfter machen wollen, ist es hilfreich, sich eine CD mit einer geführten Body-Scan-Übung zu kaufen, dann können Sie sich noch besser auf die Übung einlassen.

Der Atem ist ein hervorragender Anker für unsere Körperwahrnehmung. Das haben Sie vielleicht schon bei der Body-Scan-Übung gespürt. Folgende kleine Bauchatmungsübung für zwischendurch hilft Ihnen außerdem, Ihre Körperwahrnehmung zu verbessern. Je öfter Sie diese Übung machen, desto schneller werden Sie Ihre verbesserte Wahrnehmungsfähigkeit spüren. Am besten fangen Sie gleich damit an. Führen Sie die Übung täglich mindestens einmal durch.

→ Übung Bauchatmung
(Zeitbedarf: 2–3 Minuten)

→ *Generell können Sie diese Übung im Liegen, Sitzen oder Stehen durchführen. Da manch einer mit leichtem Schwindel auf die ungewohnte Atemkonzentration reagiert, empfiehlt es sich für den Anfang, die Übung im Sitzen oder Liegen auszuführen. Wie Sie „richtig" liegen, entnehmen Sie den Beschreibungen zum Body-Scan.*

Wenn Sie im Sitzen üben wollen, dann sitzen Sie aufrecht, sodass Ihr Bauch nicht eingedrückt ist. Oberkörper und Oberschenkel bilden einen 90°-Winkel genauso wie Oberschenkel und Unterschen-

kel. Die Füße stehen parallel zueinander, hüftbreit auseinander und mit der kompletten Ferse auf dem Boden. Der Kopf bildet die Verlängerung der Wirbelsäule.

Wenn Sie sich schon ein wenig an die Bauchatmung gewöhnt haben, können Sie diese Übung auch gut im Stehen durchführen. Hierfür gilt folgende Anweisung: Stehen Sie aufrecht, Füße hüftbreit auseinander und parallel zueinander, Knie ganz leicht gebeugt (also nicht überstreckt), Becken leicht nach vorne geschoben (kein Hohlkreuz), Kopf aufrecht in Verlängerung der Wirbelsäule.

→ *Egal ob Sie sitzen, liegen oder stehen, legen Sie Ihre Hände für den Anfang auf den Bauch unter dem Bauchnabel; später können Sie diese auch auf Ihre Oberschenkel legen (wenn Sie sitzen), seitlich neben den Körper legen (wenn Sie liegen) oder sie locker links und rechts am Körper hängen lassen (wenn Sie stehen).*

→ *Richten Sie Ihre Aufmerksamkeit auf den Atem. Atmen Sie durch die Nase ein und aus. Ziehen Sie Ihren Atem bewusst tief hinunter bis in den Bauch, sodass Sie in den Handflächen spüren, wie sich Ihre Bauchdecke hebt und senkt. Einatmen – Bauch geht hinaus, ausatmen – Bauch geht hinein. Die Bauchdecke sollte sich unbedingt in genau diesem Rhythmus bewegen. Manche Menschen haben sich im Laufe Ihres Lebens angewöhnt, „falsch" herum zu atmen. Wenn Ihnen das nun auffallen sollte, dann üben Sie den richtigen Rhythmus.*

→ *Achten Sie darauf, dass Ein- und Ausatmung gleich lang sind. Während Sie einatmen, können Sie bis bspw. 4 zählen und genauso bis 4 beim Ausatmen. Wenn es Ihnen leichtfällt, können Sie auch bis 6 oder 8 zählen, wenn es Ihnen schwerer fällt, dann starten Sie mit 3.*

→ *Nehmen Sie auf diese Weise 3–5 Atemzüge und lassen Sie dann Ihren Atem sich wieder in seinem eigenen Rhythmus bewegen. Bringen Sie Ihre Aufmerksamkeit wieder zurück zu Ihrer Umwelt.*

Sollte Ihnen diese Übung nicht gleich gelingen, wundern Sie sich nicht. Die Bauchatmung ist zwar die natürliche Atmung, mit der wir geboren wurden. Jedoch beginnen viele Menschen mit dem Älterwerden, der steigenden Hektik und stärkeren Orientierung am außen immer flacher und schneller zu atmen. Besonders in stressigen Situationen steigt die Atemfrequenz rasch an und die Intensität der einzelnen Atemzüge verringert sich, zudem atmen wir dann tiefer ein als aus (vgl. Kampf-Flucht-Mechanismus, Kapitel 2). Beim Atmen bewegt sich so nur der Brustkorb, die Bauchdecke bleibt unbeteiligt. Mir begegnen immer wieder Menschen, denen es zunächst schwerfällt, den Atem bis in den Bauch hinunterzuziehen. Wenn Sie zu diesen Menschen gehören, üben Sie zu Beginn im Liegen und legen Sie sich die Hände wie oben beschrieben dabei auf die Bauchdecke. Das erleichtert die Sensibilisierung für die Bauchatmung.

Auch die Bauchatmung hat neben einer verbesserten Körperwahrnehmung an sich schon eine beruhigende Wirkung, da sie zu einer Verlangsamung der Atmung führt. Gleichzeitig nutzen wir unser gesamtes Lungenvolumen aus, was unseren Körper intensiver mit Sauerstoff versorgt als die flache Brustatmung. Daher ist diese Übung Kraft spendend und erholsam.

> WENN SIE SCHON ETWAS GEÜBTER SIND, KÖNNEN SIE DIE BAUCHATMUNG IMMER UND ÜBERALL DURCHFÜHREN – BEIM AUTOFAHREN, IM ZUG, IN EINEM WARTEZIMMER ODER WÄHREND EINES MEETINGS (WENN IHRE AUFMERKSAMKEIT FÜR EINEN KURZEN ZEITRAUM NICHT GEFORDERT IST). SIE WERDEN SEHEN, WIE SIE DIESE ÜBUNG SOFORT ENTSPANNT UND ERFRISCHT.

Vielleicht ist Ihnen bei der Ausführung dieser Übungen aufgefallen, wie Ihre Gedanken manchmal abgeschweift sind, obwohl Sie sich auf bestimmte Körperregionen oder Ihren Atem konzentriert haben. Stellen Sie sich beim nächsten Mal vor, dass Ihre Gedanken wie Wolken an einem Sommerhimmel durch Sie durchziehen. Es kommt nicht darauf an, in dieser Übung gedankenfrei zu sein. Lassen Sie die Gedanken einfach weiterziehen und gehen Sie mit Ihrer Konzentration zum Körper oder zum Atem zurück.

→ Aufgabe

Üben Sie Body-Scan und Bauchatmung, sooft Sie können und Lust dazu haben und beginnen Sie regelmäßig, auch in normalen Alltagssituationen Ihren Körper zu beobachten. Richten Sie sich bspw. eine Erinnerungsfunktion in Ihrem elektronischen Kalender ein, die Sie ein- bis zweimal am Tag daran erinnert, kurz in sich hineinzuspüren. Schon bald wird sich Ihre Wahrnehmung für Ihre Körpersignale schärfen.

? *Was fällt Ihnen beim Beobachten Ihres Körpers auf?*

? *Spüren Sie einen Unterschied in Ihrem Körper, wenn es Ihnen gut geht oder wenn erste Anzeichen einer Überlastung gemeldet werden?*

> **?** *Welche Frühwarnsignale sendet Ihr Körper, wenn die Anspannung zu hoch wird?*
>
> *Machen Sie sich Notizen zu Ihren Feststellungen und ergänzen Sie so Ihre Aufzeichnungen aus Kapitel 2:*
>
> _____
>
> _____
>
> _____

Typische Körpersignale als Anzeichen von mangelnden Erholungsphasen können bspw. sein:

- → gestörter Wach-Schlaf-Rhythmus,
- → sich oft müde und zerschlagen fühlen, obwohl Sie genug schlafen,
- → diffuse Kopfschmerzen oder Magenschmerzen,
- → Verdauungsprobleme,
- → verminderte Lust auf Sexualität,
- → Kribbeln und Taubheitsgefühl in Händen oder Füßen,
- → häufige Verspannungen im Schulter-Nacken-Bereich,
- → Zähneknirschen oder starkes Schwitzen in der Nacht,
- → Immunsystem geschwächt bzw. erhöhte Krankheitsanfälligkeit.

4.4 Erkennen von gedanklichen Frühwarnsignalen

Ist genug Milch im Kühlschrank? Was der Chef wohl zu meinem Konzept sagt? Ist der Beamer schon bestellt für die Präsentation? Was ziehe ich da an? Wann kommt eigentlich mein Bruder zu Besuch?...

Unsere Gedanken springen oft hin und her. Wer kennt das nicht? Schlagzeilen in einer Zeitung lösen Gedanken über unsere eigene Meinung dazu aus, ein Lied im Radio erinnert uns an alte Zeiten und ein dreckiges Fenster lässt uns an die eigenen Fenster zu Hause denken, die dringend mal wieder geputzt werden müssten. Äußere Reize lösen innere Assoziationen und Gedankenketten aus. Gedanken kommen und gehen. Ein paar Minuten später wissen wir in der Regel schon gar nicht mehr, was wir vorher gedacht haben. Und dennoch ist ständig „Radau" in unserem Kopf, innere Stille gibt es fast nie. Der tägliche Gedankenstrom umfasst pro Tag 40.000–60.000 Gedanken. Sehr viele davon sind negativ, im Sinne von: „Hätte ich doch ..." oder „Wenn ich nur nicht ..." oder „Ich sollte unbedingt ..." oder „Was, wenn ich das nicht schaffe ...". Sie können sich sicher vorstellen, wie sich solche Gedanken auf unser Selbstbewusstsein auswirken.

> So könnte aus dem obigen Gedanken „Ist genug Milch im Kühlschrank?"
> folgende Gedankenkette werden: „... Sicher nicht – die letzten Tage war
> ja eh schon fast nichts mehr da – hat sicher wieder keiner daran ge-
> dacht, etwas einzukaufen – immer muss ich alles machen – dabei hab
> ich schon so oft gesagt, dass ich nicht alles alleine schaffe – so kann das
> nicht weitergehen ..."

Spüren Sie, welche Gefühle sich beim Denken einer solchen Gedankenkette aufbauen
können? In diesem Beispiel löst ein einfacher Gedanke ein Gefühl des Missverstan-
den- und Allein-gelassen-Seins aus, das höchstwahrscheinlich in einer Stressreaktion
endet.

Quelle: Renate Alf, Freiburg

In einer Studie an der Harvard University im Jahre 2010 fanden die beiden Psychologie-Professoren Matthew Killingsworth und Dan Gilbert heraus, dass Menschen in
46,9 % ihrer wachen Zeit gedanklich von den Dingen abschweifen, mit denen sie sich
im Moment eigentlich beschäftigen. Und dabei sind diese Menschen weniger zufrieden als die, deren Gedanken nicht abschweifen (Science, Bd. 330, 2010, S. 932). Eine er-
schreckende Zahl! Besagt sie doch, dass wir in jedem zweiten Moment unserer Wachheit nicht auf eine Sache konzentriert sind. In den Lehrschriften Buddhas wird unser
unruhiger Geist als „monkey mind" bezeichnet und so mit der Unruhe und der leich-

ten Abgelenktheit eines von Ast zu Ast springenden Affen verglichen. Ist das nicht ein passendes Bild für unsere oft so sprunghaften Gedanken?

Wie schon in Kapitel 3 beschrieben wirkt sich jeder Gedanke sofort auf unser (Körper-) Gefühl aus. Es ist nicht möglich, einen Gedanken zu denken, ohne auch auf der Körper- oder Gefühlsebene eine Reaktion auszulösen. Außerdem halten wir unsere Gedanken normalerweise für wahr, sie repräsentieren unsere Wirklichkeit – es fühlt sich ja auch entsprechend an. Wir erkennen unsere Gedanken nicht als das, was Sie sind, nämlich Konstruktionen unseres Gehirns, sondern identifizieren uns mit ihnen.

> UNSERE IDENTITÄT BASIERT ALSO IM WESENTLICHEN AUF DEM, WAS WIR ÜBER UNS UND DIE WELT DENKEN. UND WIE WIR BEREITS WISSEN, BASIERT DIESES BILD AUF DER AUSWAHL DER INFORMATIONEN, DIE AUFGRUND UNSERER WAHRNEHMUNGSFILTER IN UNSER BEWUSSTSEIN GELANGEN.

Tatsächlich ist es so, dass „... der Mensch das einzige Tier ist, das an die Zukunft denkt" (Gilbert, Dan: Ins Glück stolpern, München 2008, S. 25). Wir planen die Zukunft, indem wir uns vorstellen, wie sich unser Handeln auf bestimmte künftige Dinge auswirken wird, und gleichzeitig machen wir uns Sorgen darüber, dass etwas Schlechtes passieren konnte. Unser Gehirn ist also ständig damit beschäftigt, Voraussagungen darüber zu treffen, was im jeweils nächsten Moment passiert. Dan Gilbert hat für diese Fähigkeit den Begriff des nexting (oder eingedeutscht: nexten) geprägt. Bekanntlich findet das Leben aber nicht im nächsten, sondern in genau diesem Moment statt.

> FAST ALLE UNSERE SORGEN, DIE WIR UNS HEUTE ÜBER DIE ZUKUNFT MACHEN, STELLEN SICH IN DER ZUKUNFT SELBST ALS UNBEGRÜNDET HERAUS.

Mit dem unter 4.2 beschriebenen Konzept der Achtsamkeit haben Sie ein wirkungsvolles Werkzeug zur Zähmung Ihres „monkey mind" kennen gelernt. Denn eine erhöhte Achtsamkeit führt dazu, dass Sie im gegenwärtigen Moment sind. Sie richten Ihre Aufmerksamkeit auf Ihre Gedanken und nehmen diese wahr – ohne sich mit ihnen zu identifizieren. Dabei kann es passieren, dass Sie zunächst wahrnehmen, dass Sie nicht bei der Sache sind, dass Ihre Gedanken sich mit irgendetwas anderem beschäftigen, Sie sich Sorgen machen oder Sie mehrere Dinge gleichzeitig tun und nichts davon richtig. Das ist schon ein erster Erfolg, denn in diesem Moment sind Sie bereits achtsam! Und diese Achtsamkeit gibt Ihnen die Gelegenheit, selbst zu entscheiden, ob Sie sich von Ihren Sorgen- oder Hektik-Gedanken oder auch von Ihren Antreibern unter Druck setzen lassen wollen oder nicht. So erkennen Sie Ihre gedanklichen Stress-Frühwarnsignale und damit die Gedankenmuster, die hauptverantwortlich für Ihren Stress sind.

Im Folgenden finden Sie zwei Übungen, die Ihnen helfen können, Ihre Achtsamkeit für Ihre gedanklichen Frühwarnsignale zu erhöhen. Mit diesen Übungen verhält es sich genauso wie mit den Körperübungen. Verlangen Sie nicht zu viel von sich. Es geht nicht darum, etwas Bestimmtes zu erreichen, sondern darum, dass Sie Achtsamkeit für sich selbst entwickeln. Das gelingt Ihnen am besten durch stetes Üben und Beobachten.

→ Übung: Die Morgenübung
(Zeitbedarf: ca. 2–3 Minuten)

→ *Wenn Sie morgens mit einer unangenehmen emotionalen Stimmung aufwachen sollten, dann nehmen Sie zunächst einmal einfach dieses Gefühl wahr. Fragen Sie sich selbst, was Sie gerade zuvor gedacht haben. Finden Sie heraus, was der Ursprung für Ihr Gefühl ist. War es ein aufwühlender Traum, mit dem Sie aufgewacht sind, oder haben Sie direkt als Erstes an eine unangenehme Sache gedacht, die Ihnen schon passiert ist oder vor der Sie sich sorgen. Haben Sie vielleicht Herzklopfen, weil Sie sich vorgestellt haben, wie Sie alle Ihre heutigen Termine schaffen sollen.*

→ *Machen Sie sich jetzt bewusst, dass es Ihnen in diesem Moment wahrscheinlich sehr gut geht, dass Sie nur mit Gedanken aufgewacht sind, die in Ihnen ein unangenehmes Gefühl ausgelöst haben. Das heißt nicht, dass die jetzige Situation unangenehm ist, sondern nur der betreffende Gedanke. Überprüfen Sie den Gedanken auf seinen Wahrheitsgehalt oder seinen Realitätsbezug. Und machen Sie sich klar: Sie sind nicht Ihre Gedanken – Sie beobachten sie nur. Die Gedanken sind nur ein Teil von Ihnen.*

→ *Dadurch, dass Sie auf diese Art und Weise Ihre Gedanken bewusst wahrnehmen, „de-identifizieren" Sie sich von diesen Gedanken. Sie haben dadurch auch Abstand zu dem anfänglichen Gefühl bekommen und können Ihren Tag so ausgeglichener beginnen.*

→ *Sie können die Morgenübung natürlich auch zu anderen Tageszeiten durchführen, wenn Ihnen eine plötzliche, unerklärliche Gefühlsschwankung auffällt. Nach einigen Wiederholungen werden Sie herausfinden, ob es typische Gedankenmuster gibt, die Ihnen ein unangenehmes Gefühl oder sogar Stress bereiten. Notieren Sie Gedankenmuster, die sich wiederholen, und lernen Sie so die wahren Verantwortlichen für Ihren Stress kennen.*

→ **Übung: Die Gedanken beobachten**
(Zeitbedarf: ca. 5 Minuten)

→ *Nehmen Sie eine entspannte und aufrechte Sitzhaltung ein und schließen Sie die Augen. Spüren Sie ganz bewusst in Ihren Köper hinein. Nehmen Sie wahr, wie er auf der Sitzunterlage ruht. Vielleicht können Sie all die Stellen wahrnehmen, an denen Ihr Körper den Boden und den Stuhl berührt – spüren Sie den Empfindungen nach. Dann nehmen Sie sich einen Augenblick Zeit, Ihren Körper als Ganzes wahrzunehmen.*

→ *Lenken Sie nun Ihre Aufmerksamkeit auf Ihren Atem und beobachten Sie diesen. Nehmen Sie Ihren Atem nur wahr als etwas, dass Sie nicht beeinflussen müssen, und lassen Sie das Atmen einfach geschehen. Falls Sie bemerken, dass Sie versuchen, Ihren Atem zu kontrollieren, dann nehmen Sie auch dies bewusst wahr. Beobachten Sie Ihren Atem etwa für 2 Minuten.*

→ *Nehmen Sie nun für die nächsten 2–3 Minuten Ihre Gedanken bewusst wahr. Sie können sich dabei vorstellen, Sie betrachten eine leere Kinoleinwand. Sie warten darauf, dass Gedanken auftauchen – so, wie Sie auf die nächste Szene in einem Kinofilm warten. Lassen Sie die Gedanken auf der Leinwand verweilen, solange sie wollen. Viele werden verschwinden, sobald Sie sich ihrer bewusst werden, manche werden bleiben. Bewerten Sie die Gedanken nicht – beobachten Sie sie nur.*

Sie können sich anstelle der Kinoleinwand auch ein Gasthaus vorstellen. Die Gedanken kommen als Gast zu einer Türe hinein und gehen zur anderen Türe wieder hinaus. Sie selbst sind der Gastgeber und begrüßen und verabschieden jeden Gedanken. Alle Gedanken sind Ihnen angenehme Gäste, Sie bewerten nicht und behandeln alle gleich.

→ *Verabschieden Sie sich nun von Ihrem inneren Bild, stellen Sie sich wieder den Raum vor, in dem Sie sitzen, und öffnen Sie die Augen. Wenn Sie möchten, atmen Sie ein paarmal tief durch oder strecken Sie sich kurz aus.*

Mithilfe dieser beiden Übungen wird es für Sie im Laufe der Zeit immer einfacher werden, Ihre Gedanken zu beobachten. Und je einfacher dies in den Übungen wird, desto leichter wird es Ihnen auch im normalen Leben fallen. Ziel ist es, dass Sie ein besseres Gespür dafür bekommen, welche Gedanken Ihnen Stress verursachen, welches also Ihre wahren Stressmuster sind.

DAS BEWUSSTE WAHRNEHMEN IHRER GEDANKLICHEN FRÜHWARNSIGNALE VERSETZT SIE IN DIE LAGE ZU WÄHLEN, OB SIE SICH NACH DIESEN GEDANKEN RICHTEN ODER SIE DURCH ANDERE, KRAFTVOLLERE GEDANKEN ERSETZEN.

So verlassen Sie den Automatismus, der Sie wie ein Autopilot zu bestimmten Handlungen treibt. Wenn Sie Ihre Stress auslösenden Gedanken bewusst wahrnehmen, können Sie plötzlich entscheiden, ob ein einfacher Gedanke wie „Ist genug Milch im Kühlschrank?" zu einem Gefühl des Missverstanden- oder Allein-gelassen-Seins führt oder ob er Sie lediglich zu einer gedanklichen Analyse Ihres „Kühlschrankzustandes" veranlasst. Mit dieser Entscheidung entsteht Freiheit!

4.5 Achtsamkeitstipps für den Alltag

Auch im Alltag können Sie viele Situationen dazu nutzen, Ihre Achtsamkeit und damit die Wahrnehmung für das, was in Ihnen passiert, zu erhöhen. Diese Alltagsachtsamkeit kostet Sie fast keine zusätzliche Zeit und mit ein bisschen Übung wird sie Ihnen helfen, mehr Ruhe und Klarheit in Ihr Leben zu bringen. Sie finden nachfolgend eine ganze Reihe dieser Achtsamkeitstipps. Suchen Sie sich diejenigen aus, die gut zu Ihnen passen, auf die Sie Lust haben oder die Sie einfach neugierig machen, und probieren Sie diese aus. Wenn sie Ihnen gefallen, integrieren Sie die Übungen in Ihren Alltag.

Beim Autofahren oder im Bürostuhl:

Wenn Sie an einer roten Ampel oder im Stau stehen, dann lenken Sie Ihre Aufmerksamkeit in Ihren Körper und fühlen Sie in sich hinein: Halten Sie evtl. Ihre Hände verkrampft um das Lenkrad? Sind die Schultern angespannt und hochgezogen? Wie atmen Sie gerade? Wo spüren Sie den Sitz unter Ihrem Körper oder am Rücken? Ähnliche Fragen können Sie sich auch stellen, wenn Sie in Ihrem Bürostuhl sitzen.

Als Fußgänger an einer roten Ampel:

Denken Sie: „Der rote Mann schenkt mir eine Pause", anstatt genervt anzuhalten und ungeduldig auf das Umschalten der Ampel zu warten. Nutzen Sie die Pause, indem Sie dreimal tief in den Bauch atmen und Ihre Achtsamkeit nach innen richten.

Routinen durchbrechen:

Gehen oder fahren Sie einmal einen anderen Weg zur Arbeit oder zum Supermarkt. Verändern Sie den Ablauf Ihrer täglichen Routine in kleinen Punkten. Sprechen Sie bspw. den Kollegen an, den Sie nicht so gerne mögen und dem Sie daher eher ausweichen. Indem Sie Dinge anders tun, nehmen Sie das Neue intensiv wahr, Sie beginnen anders zu sehen und zu denken.

Mit der anderen Hand spielen:

Wenn Sie Rechtshänder sind, putzen Sie sich einmal mit der linken Hand die Zähne, trocknen Sie sich nach dem Duschen mit dem Handtuch in der linken Hand ab oder öffnen Sie eine Türe oder Schublade mit der linken Hand (für Linkshänder gilt dasselbe für die rechte Hand). Dabei geht es nicht darum, mit beiden Händen gleich gut, sondern aufmerksamer für das zu werden, was Sie tun.

Bewegungskonzentration:

Nutzen Sie den Gang zum Kopierer, Drucker oder auch zur Kaffeemaschine, indem Sie bewusst langsam gehen und sich auf jeden Schritt und auf jede Handbewegung konzentrieren. So machen Sie die notwendigen Wege während des Tages zu Achtsamkeitswegen.

Genussreich essen:

Achten Sie auf das, was Sie essen. Wie schmeckt jeder Bissen? Wie oft kauen Sie, bis Sie den Bissen herunterschlucken? Was verändert sich, wenn Sie etwas länger kauen? Welcher Geschmack bleibt im Mund zurück, nachdem Sie den Bissen heruntergeschluckt haben?

„Wie geht's mir"-Check:

Machen Sie es sich zur Gewohnheit, sich in gewissen Abständen zu fragen, wie es Ihnen in dem Moment gerade geht. Hören Sie in sich hinein. Welche Signale kommen von Ihrem Körper, welche von Ihren Gedanken? Sie können sich für diese Übung auch einen „Reminder" in Ihrem Computer einstellen, der sie bspw. zweimal am Tag zu bestimmten Uhrzeiten an diese Übung erinnert.

Diese Achtsamkeitstipps für den Alltag sollen Ihnen helfen, Ihre körperlichen und gedanklichen Warnsignale so früh wie möglich zu erkennen. So haben Sie die Möglichkeit, nach Ihrem Ermessen bewusst darauf zu reagieren.

4.6 Lernen ist Veränderung

Sie haben im vorherigen Kapitel gelernt, warum Veränderung, also das Lernen von etwas Neuem, nicht immer einfach ist. Alte Gedankenmuster sind als neuronale Autobahnen fest in unserem Gehirn verschaltet. Unser Leben wird größtenteils durch unbewusste Denk- und Handlungsmuster per Autopilot gesteuert.

Lernen heisst also, sich Unbewusstes bewusst zu machen, um dann mit Willen und Übung die gewünschte Veränderung herbeiführen zu können.

Vier Schritte, in denen sich das Lernen vollzieht:

1. Unbewusste Unfähigkeit
Wir wissen nicht, was wir denken oder warum wir eigentlich so handeln. Unsere Denk- und Handlungsmuster sind uns nicht bewusst.

2. Bewusste Unfähigkeit
Indem wir achtsamer werden und uns beobachten, lernen wir unsere Gedanken und unsere (Körper-)Gefühle kennen. Wir entdecken unsere wahren Stressmuster, nämlich die Denkweisen, Einstellungen und Haltungen, die uns Stress verursachen. Wir erkennen also, was wir ändern wollen, haben aber im Moment noch nicht die Fähigkeit, das Neue umzusetzen.

3. Bewusste Fähigkeit
Wir beginnen den Prozess der Umsetzung, indem wir das Neue ausführen. Wir wenden an, was wir gelernt haben, üben, wiederholen und wenn wir das noch mit guten Gefühlen wie Freude, Spaß oder positiver Neugier verbinden können, entsteht daraus eine neue bewusste Fähigkeit.

4. Unbewusste Fähigkeit
Wenn wir unsere Aufmerksamkeit immer weiter auf den neuen Prozess richten und immer wieder üben, dann werden wir irgendwann einen neuen Automatismus gebildet haben, eine neue Gedankenautobahn, ein neues unbewusst ablaufendes Handlungsmuster. Wir haben die neue Fähigkeit so integriert, dass wir uns ihrer gar nicht mehr bewusst sind.

Der Ablauf des Lernens

Schritt 1:	Unbewusste Unfähigkeit

Schritt 2:	Bewusste Unfähigkeit

Schritt 3:	Bewusste Fähigkeit

Schritt 4:	Unbewusste Fähigkeit

Am Beispiel des Autofahrens ist dieser Prozess sehr anschaulich zu erklären:

Bevor Sie das erste Mal in einem Auto sitzen, wissen Sie gar nicht, wie kompliziert das Autofahren ist, welche Fähigkeiten Sie dazu benötigen. Wenn Sie dann Ihre erste Fahrstunde haben, dann wissen Sie, was Sie alles nicht können – Kupplung und Gaspedal aufeinander abstimmen, vor dem Abbiegen den Blinker setzen etc. Nach einigen Stunden der Übung werden die Bewegungen langsam stimmiger, die Abläufe „runder", aber Sie müssen sich immer noch konzentrieren, um alles richtig zu machen. Doch Sie wissen jetzt, welche Fähigkeiten Sie zum Autofahren benötigen, und können diese auch demonstrieren. Wenn Sie – so, wie wahrscheinlich die meisten von Ihnen – schon seit vielen Jahren Auto fahren, dann wissen Sie heute gar nicht mehr genau, was Sie da eigentlich können. Die Prozesse sind soweit automatisiert, dass Sie sich nebenbei sogar noch mit jemandem unterhalten oder sich über den dreisten Fahrer, der Sie gerade geschnitten hat, ärgern können. Erst wenn Sie bspw. einmal in ein Land mit Linksverkehr kommen, müssen Sie wieder auf den Stand der bewussten Fähigkeit zurück und sich sehr genau konzentrieren, bevor Ihnen die Abläufe wieder so leicht „von Hand und Fuß gehen", wie Sie das gewohnt sind.

Genauso müssen Sie sich erst einmal Ihre eigenen Stressmuster bewusst machen. Mit dem Erkennen der Stressmuster machen Sie die unbewusste Unfähigkeit zu Ihrer bewussten Unfähigkeit. Nun fragen Sie sich, wie Sie diese Stressmuster auflösen können, und erklimmen so den zweiten Schritt in Ihrem Lernprozess. Die nächsten beiden Kapitel sind der Stressbewältigung gewidmet, also dem Erlernen von neuen Techniken und Fähigkeiten, die Ihnen helfen, ein stressfreies Leben zu erreichen. Wie in dem folgenden Gedicht beschrieben, werden Sie lernen, Ihren StressRadar® so einzusetzen, dass Sie potenzielle Gefahren und Hindernisse frühzeitig erkennen, diese im nächsten Schritt „umgehen" und somit neue Wege zu mehr Kraft und Gelassenheit finden können.

Ich gehe eine Straße entlang

Ich gehe die Straße entlang.
Da ist ein tiefes Loch im Gehsteig.
Ich falle hinein.
Ich bin verloren ... Ich bin ohne Hoffnung.
Es dauert endlos, wieder herauszukommen.

Ich gehe dieselbe Straße entlang.
Da ist ein tiefes Loch im Gehsteig.
Ich tue so, als sähe ich es nicht.
Ich falle wieder hinein.
Ich kann nicht glauben, schon wieder am gleichen Ort zu sein.
Aber es ist nicht meine Schuld.
Immer noch dauert es sehr lange, herauszukommen.

Ich gehe dieselbe Straße entlang.
Da ist ein tiefes Loch im Gehsteig.
Ich sehe es.
Ich falle immer noch hinein ... aus Gewohnheit.
Meine Augen sind offen.
Ich weiß, wo ich bin.
Es ist meine eigene Schuld.
Ich komme sofort heraus.

Ich gehe dieselbe Straße entlang.
Da ist ein tiefes Loch im Gehsteig.
Ich gehe darum herum.

Ich gehe eine andere Straße.

(Quelle: Sogyal Rinpoche: Das tibetische Buch vom Leben und Sterben. Für die deutsche Ausgabe © 2010 O.W. Barth Verlag, ein Unternehmen der Droemersche Verlagsanstalt Th. Knaur Nachf. GmbH & Co. KG, München)

5 Ausgleich schaffen

Wie schon im ersten Kapitel beschrieben, ist Stress an sich nicht schädlich. Ganz im Gegenteil – Ihr „Stress-Muskel" braucht diese Phasen des Trainings. Die Aktivierung hält uns körperlich und geistig fit. Herausforderungen sorgen dafür, dass wir Neues lernen und uns weiter entwickeln können. Doch zu viel davon kann uns krank machen.

Auslöser für krank machenden Stress sind:
- → Missachtung unserer körperlichen und gedanklichen Stress-Frühwarnsignale (vgl. Kapitel 4)
- → Mangelnder Abbau der durch Stress freigesetzten Energie
- → Dauer und Intensität der Belastungsphase
- → Fehlende oder zu kurze Erholungsphase
- → Mangelhafte Entwicklung von stressmindernden Denk- und Handlungsmustern (vgl. Kapitel 6)

Wenn Sie keinen chronischen Stress und somit belastungsbedingte Krankheiten riskieren wollen, sollten Sie für den notwendigen Ausgleich sorgen:
- → zwischen Anspannung und Entspannung,
- → zwischen Schnelligkeit und Langsamkeit,
- → zwischen sprunghaften Gedanken und konzentrierter Ruhe.

Hierbei spielt Ihr Energiehaushalt eine große Rolle. Ihre Energiereservieren sollten nie völlig aufgebraucht, sondern immer rechtzeitig nachgefüllt werden. Dafür benötigen Sie in erster Linie ein funktionierendes inneres Frühwarnsystem, mit dem Sie Ihre körperlichen und gedanklichen Warnsignale frühzeitig wahrnehmen und entsprechend reagieren können. Wie Sie Ihre Achtsamkeit auf Ihre Frühwarnsignale lenken, haben Sie bereits im vorangegangenen Kapitel gelernt. Üben Sie weiter!

> DIE GESCHULTE WAHRNEHMUNG IHRER INNEREN VORGÄNGE IST DIE GRUNDVORAUSSETZUNG FÜR DAS VERMEIDEN VON KRANK MACHENDEM STRESS.

Seien Sie aufmerksam dafür, wenn sich Stressphasen zu sehr in die Länge ziehen und Erholungsphasen dringend notwendig werden.

Es sollte Ihnen auch auffallen, wenn Sie einen verstärkten inneren Bewegungsdrang verspüren. Ihr Körper zeigt Ihnen dann deutlich, dass Sie die durch den Sympathikus in der Stressphase freigesetzte Energie abbauen müssen. Bei unseren Vorfahren passierte das automatisch, da Stress in erster Linie in tatsächlich existenzbedrohenden Situationen vorkam. Damals wurde die freigesetzte Energie durch Kampf oder Flucht abgebaut. Heute bauen wir diese Energie in der Regel gar nicht oder nicht in ausreichendem Maße ab. Wir sitzen am Schreibtisch, im Auto oder verharren in einer anderen bewegungsarmen Situation. So müssen wir selbst durch Bewegung für den notwendigen Spannungsabbau sorgen. Ob Bewegung oder Entspannung das richtige Ausgleichsmittel ist, lässt sich nicht allgemein sagen, sondern ist immer abhängig von Situation und Person. Nach einer Stressphase direkt in eine ruhige Entspannung zu gehen, kann Sie noch kribbeliger machen als vorher – gleichzeitig kann eine leistungsgetriebene Sportart den Stress verstärken.

IN ERSTER LINIE IST ES WICHTIG, DASS SIE SICH SELBST „ZUHÖREN" UND SOMIT AUFMERKSAM SIND FÜR DAS, WAS IHR KÖRPER BRAUCHT, UM SEINE ENERGIE-RESERVEN WIEDER AUFZUFÜLLEN UND DEN NOTWENDIGEN AUSGLEICH ZU SCHAFFEN.

In Kapitel 2 haben Sie bereits gelernt, dass es drei Stressreaktionsebenen gibt – Körper-, Gedanken- und Gefühlsebene – und Sie Ihrem Stress grundsätzlich auf all diesen Ebenen begegnen können. Gefühle können in der Regel nur durch einen Gedanken oder eine körperliche Aktion (wie bspw. ein Lachen) bewusst initiiert werden. Daher ist es eher möglich, die Gefühlsebene indirekt durch Maßnahmen zum Ausgleich auf Körper- oder Gedankenebene miteinzubeziehen.

Es gibt jedoch einen Weg, der direkt zum Gefühl führt – nämlich über den Geruchssinn. Kennen Sie Situationen, in denen ein bestimmter Geruch augenblicklich ein Gefühl von Freude, Vertrautheit, Ekel oder auch Angst auslöst? Wenn Sie dann kurz nachdenken, werden Sie sich genau an ein spezielles Erlebnis oder eine bestimmte Person erinnern, die zu dem entsprechenden Geruch passt. Denn der Geruchssinn ist das einzige unserer Wahrnehmungsorgane, das unmittelbar mit dem Sitz unserer Emotion verbunden ist. Der so genannte Riechkolben hat eine „Express-Verbindung" zum limbischen System geknüpft und die Amygdala reagiert auf die eintreffende Duftinformation sofort mit dem entsprechenden Gefühl aus der Erinnerung. Dieses Wissen können Sie für Ihre Entspannungsmomente nutzen.

→ Tipp:

Versorgen Sie sich gerade auch in stressigen Zeiten mit Gerüchen, die Ihnen Wohlgefühle bescheren. Das können Blumen sein, deren Geruch Sie gerne mögen, aber auch ein Duftlämpchen mit angenehmen Geruchsessenzen oder Aroma-Sprays für den Raum.

Sorgen Sie mithilfe der Wohlfühlgerüche sowie mit den in den folgenden Kapiteln beschriebenen Maßnahmen auf Körper- und Gedankenebene für Erholungsphasen in Ihrem Leben, um den richtigen Ausgleich zwischen Entspannung und Anspannung herzustellen.

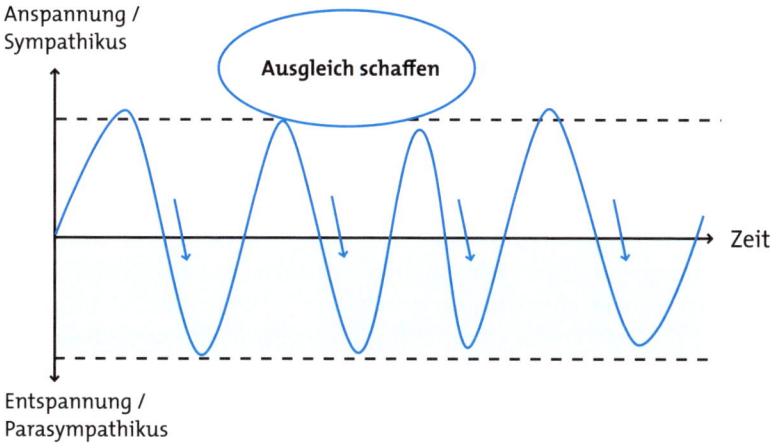

Autonomes Nervensystem im gesunden Gleichgewicht

5.1 Ausgleich auf Körperebene

Für viele Menschen ist es zunächst einfacher, körperliche Ausgleichsmethoden zu erlernen. Sie finden im Folgenden umfangreichen Abschnitt viele unterschiedliche Maßnahmen, die über Bewegung, intensive Entspannung, genussreiche Ernährung und erholsamen Schlaf einen wirksamen Ausgleich zu Ihren Anspannungsphasen ermöglichen. So sorgt die Entspannung Ihres Körpers auch für eine Entspannung Ihrer Gedanken und Gefühle und Sie tanken neue Kraft.

5.1.1 Sport und sportliche Bewegung

Um die richtige Bewegungsmaßnahme zu wählen, müssen Sie als Erstes den Grund für Ihren Bewegungsdrang herausfinden. Ist es mangelnde Anforderung, Langeweile oder Antriebslosigkeit, dann ist es zum Ausgleich durchaus sinnvoll, sich eine herausfordernde, leistungsorientierte Bewegungsform zu suchen. In den Fällen, in denen der Bewegungswunsch aus Phasen der Be- oder sogar Überlastung resultiert, sollten Sie – egal welchen Sport Sie treiben – das Leistungsthema aus der Bewegung heraushalten. Wenn Sie wettbewerbsorientierte Sportarten bevorzugen, wie Tennis oder Squash, dann genießen Sie die Bewegung und die Herausforderung, geben Sie Ihr Bestes, aber lassen Sie die Sucht nach dem Gewinnen aus dem Spiel. Joggen ist bspw. ein sehr wirksames Mittel, um Stresshormone abzubauen. Wenn Sie aber mit demselben Leistungsdruck joggen, mit dem Sie sich schon während des Tages im Job konfrontieren, ist das in Bezug auf Stressabbau eher kontraproduktiv.

Entdecken Sie das Spielerische am Sport, den Fluss in der Aktivität, werden Sie eins mit der Bewegung (vgl. Flow, Kapitel 1), dann betreiben Sie körperliche „Spannung", die gleichzeitig zu Ihrer „Ent-Spannung" führen wird.

Körperliche Aktivität dient nicht nur dem Zweck einer sportlichen Figur und eines allgemeinen Wohl- und verbesserten Selbstwertgefühls. Regelmäßige Bewegung wirkt wissenschaftlich erwiesen auch als Prävention vor schweren (stressbedingten) Krankheiten. Der Drang, sich zu bewegen, ist so alt wie unser Stressmechanismus (vgl. Kapitel 2). Für unsere Urahnen war ständiges Bewegen wie Jagen, Sammeln, Hütte-Bauen etc. das normale Leben. Und auch noch vor 200 Jahren arbeiteten die meisten Menschen auf den Feldern oder führten eine andere körperlich anstrengende Tätigkeit aus. Erst durch die Industrialisierung und die Nutzung von elektronischen Fortbewegungs- und Arbeitsmitteln sind viele von uns zu sitzenden Menschen geworden, die sich nun bewusst um ihre Bewegung kümmern müssen.

UNSER KÖRPER UND GEIST SIND FÜR BEWEGUNG GEMACHT – UNSERE URAHNEN LIEFEN RUND 20 KM PRO TAG, HEUTE KOMMT DER DURCHSCHNITTLICHE, SITZEND ARBEITENDE MENSCH NICHT MAL MEHR AUF 1 KM ZU FUSS IN DERSELBEN ZEITSPANNE.

Dabei ist es erwiesen, dass schon nach 20 Minuten Spazierengehen der Stresshormonspiegel im Blut signifikant sinkt. Das Sich-zu-Fuß-Bewegen ist also offensichtlich ein einfacher Ersatz für die Kampf-Flucht-Handlungen aus früheren Zeiten. So lassen sich viele der bei der täglichen Arbeit entstandenen Stresshormone sozusagen im „Vorbeigehen" verbrennen. Und es gibt an jedem Tag viel mehr Anlässe, zu Fuß zu gehen, als Sie denken. Entscheiden Sie sich für diesen pragmatischen und äußerst wirksamen Ansatz zur Bewegung und gegen die verführerischen und „komfortablen" Alternativen.

Beispielhafte Anlässe für das „Zu-Fuß-gehen":

→ Steigen Sie Treppen, anstatt Fahrstuhl oder Rolltreppe zu benutzen.
→ Besuchen Sie den Kollegen, der ein paar Büros weiter oder sogar im Nachbargebäude sitzt, anstatt ihn anzurufen.
→ Laufen Sie beim Telefonieren auf und ab.
→ Stellen Sie den Drucker so weit vom Schreibtisch weg, dass Sie aufstehen und ein paar Schritte gehen müssen, wenn Sie etwas drucken wollen.
→ Wenn Sie irgendwo warten müssen, gehen Sie – anstatt im Wartezimmer zu sitzen – noch einmal um den Block.

→ Lassen Sie auf kurzen Wegen das Auto stehen und gehen Sie zu Fuß. Haben Sie schon einmal nachgedacht, wie lange Sie in der Stadt für das Parkplatzsuchen brauchen? Wie viel Wegstrecke könnten Sie in derselben Zeit zu Fuß zurücklegen?

→ Oder parken Sie Ihr Auto ganz bewusst nicht direkt vor der Haustüre, sodass Sie ein paar Schritte laufen müssen, um zum Auto bzw. zu Ihrer Wohnung oder Ihren Haus zu gelangen.

→ Tipp:

Wenn Sie ein Gefühl dafür entwickeln wollen, wie viel Sie wirklich zu Fuß gehen und Ihre Erfolge messbar machen wollen, dann benutzen Sie einen Schrittzähler. Dieser kann, ohne zu sehr aufzufallen, an der Kleidung getragen werden. Steigern Sie dabei allmählich die Anzahl Ihrer täglichen Schritte.

Es wird Ihre Stressresistenz stärken, wenn Sie diese Möglichkeiten der Alltagsbewegung nutzen. Ein großer Gewinn für Ihre Gesundheit ist es natürlich auch, ab und zu das Auto komplett stehen zu lassen und – wenn der Weg für einen Fußmarsch zu weit ist – das Fahrrad zu benutzen.

Bauen Sie Bewegung ein, wann und wo immer möglich.

Nach und nach wird sich auch hier Ihr Gehirn durch entsprechende Verschaltungen und neuronale Muster auf die Bewegung einstellen und mehr und mehr davon verlangen. Wenn das passiert, haben Sie Ihren „inneren Schweinehund" bereits überwunden.

Ein gut trainierter Körper (das heißt nicht über-trainiert!) bringt Ihnen viele gesundheitliche Vorteile, die Sie auch in Bezug auf Stress physisch und psychisch stabiler machen. Bei trainierten Menschen werden in stressbelasteten Situationen geringere Mengen Stresshormone ausgeschüttet. Zudem stehen Menschen mit einem durch Herz-Kreislauf-Training gesenkten Ruhepuls höhere Leistungsreserven zur Verfügung, wenn sich die Herzfrequenz durch den Stressmechanismus in belastenden Situationen erhöht.

Gleichzeitig vermehren sich durch Training die roten Blutkörperchen (erhöht die Sauerstoffzufuhr im Körper), die Lungenfunktion verbessert sich, das Immunsystem wird gestärkt und durch die intensivere Sauerstoffversorgung im Gehirn werden Konzentrations- und Merkfähigkeit gestärkt.

Dies sind nur einige Effekte regelmäßiger Bewegung, die sich auf unseren Gesundheitszustand und unsere Stressresistenz positiv auswirken.

Wichtig ist – unabhängig von der Sportart – dass Sie diese nicht mit Verbissenheit betreiben. Und bleiben Sie auch hier achtsam, damit Sie rechtzeitig merken, wenn Sie sich vielleicht zu viel abverlangen.

SPASS AM TUN, REGELMÄSSIGKEIT SOWIE DAS RICHTIGE MASS SIND DIE WICHTIGSTEN VORAUSSETZUNGEN DAFÜR, DASS SIE DIE VON IHNEN GEWÄHLTE SPORTART ALS AUSGLEICH FÜR STRESSBELASTUNGSSITUATIONEN NUTZEN KÖNNEN.

5.1.2 Den Rücken stärken

Auf unseren „Schultern tragen wir die Verantwortung". Wir arbeiten uns „den Rücken krumm". Und wenn wir die ganze Zeit angespannt vor dem PC sitzen, „verrenken wir uns den Hals". Die typischen Probleme des sitzenden und unter häufiger Belastung stehenden Menschen sind Rückenschmerzen und muskuläre Verspannungen im Schulter-Nacken-Bereich. Aus dem Yoga entlehnt finden Sie nachfolgend einige – auch im Büro – leicht anzuwendende Übungen für die Lockerung und Kräftigung der Muskulatur in diesen Körperregionen.

→ **Übung: Kopf-Nacken-Übung**
(Zeitbedarf: 1 Minute)

→ *Stehen Sie aufrecht, Füße schulterbreit und parallel zueinander, Knie ganz leicht gebeugt (also nicht überstreckt), Becken leicht nach vorne geschoben (kein Hohlkreuz), Kopf aufrecht in Verlängerung der Wirbelsäule. Lassen Sie Ihre Arme rechts und links locker vom Körper hängen. Schließen Sie – wenn es Ihnen angenehm ist – die Augen.*

→ *Neigen Sie Ihren Kopf mit einer Ausatmung langsam nach rechts und führen Sie dabei Ihr rechtes Ohr zur rechten Schulter, Blick und Nase zeigen nach vorne. Atmen Sie ruhig in den Bauch ein und aus und halten Sie die Stellung ca. 6–8 Atemzüge lang. Spüren Sie dabei die natürliche Schwere Ihres Kopfes, verstärken Sie keinesfalls den Druck, Ihr Kopf hat so viel Gewicht, dass er ganz von alleine die linken Halsmuskeln dehnt. Wenn Sie die Übung verstärken wollen, können Sie mit dem linken Arm vorsichtig Richtung Boden ziehen.*

→ *Heben Sie mit einem Einatmen den Kopf wieder in die Mitte und spüren Sie kurz in den linken Halsbereich. Vielleicht spüren Sie dort eine Veränderung.*

→ *Neigen Sie nun Ihren Kopf mit der nächsten Ausatmung nach links (linkes Ohr zur linken Schulter) und wiederholen Sie die Anweisungen von oben. Falls Sie die Dehnung verstärken wollen, nutzen Sie äquivalent Ihren rechten Arm.*

→ *Heben Sie den Kopf wieder mit einer Einatmung, spüren Sie nach und neigen Sie Ihren Kopf dann vorsichtig mit einer Ausatmung nach vorne. Das Kinn liegt in Richtung des Brustbeins, der Blick geht zu den Füßen. Auch hier halten Sie die Stellung ca. 6–8 Atemzüge lang und dehnen Sie Ihre Nackenmuskeln allein durch das Gewicht Ihres Kopfs. Heben Sie den Kopf abschließend mit einer Einatmung wieder zur Mitte hoch und spüren Sie in Ihren Hals-Nacken-Bereich. Wie fühlt sich das jetzt an?*

→ *Bei dieser Übung wird die Muskulatur durch die vorherige Dehnung entspannt. Um dies zu erreichen, müssen Sie die Dehnung jeweils 10–15 Sekunden halten.*

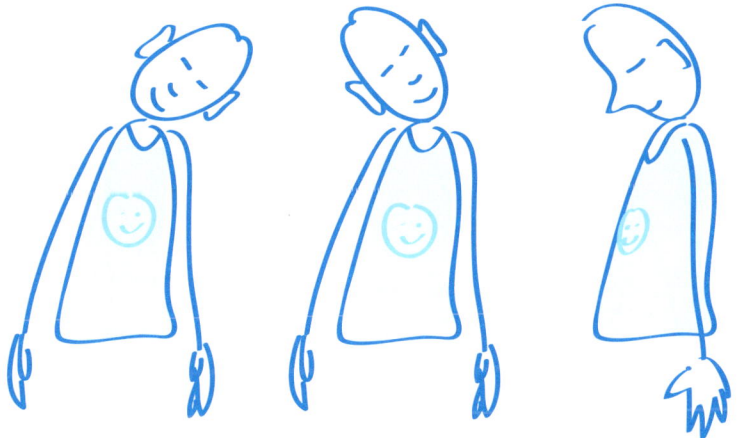

→ **Übung: Schulterübung 1**
(Zeitbedarf: 1 Minute)

→ *Stehen Sie wie bei der Kopf-Nacken-Übung.*

→ *Ziehen Sie nun als Erstes Ihre Schultern weit hoch zu den Ohren und machen Sie dadurch einen sehr kurzen Hals. Achten Sie darauf, dass Sie die Schultern gerade und nicht nach vorne hochziehen. Halten Sie diese feste Anspannung für 3–4 Atemzüge, atmen Sie dabei weiter und konzentrieren Sie sich auf die Anspannung oder Ihren Atem. Mit einer Ausatmung bringen Sie die Schultern wieder in die Ausgangsstellung und spüren kurz in den Schulterbereich.*

→ *Wiederholen Sie diese Anspannung ein zweites Mal.*

→ Bringen Sie nun Ihre Ellenbogen hinter dem Rücken zusammen, sodass sich Ihre Schulterblätter annähern, und ziehen Sie dabei mit den Ellenbogen Richtung Boden. Halten Sie auch diese feste Anspannung für 3–4 Atemzüge und atmen Sie dabei weiter.

→ Wiederholen Sie diese Anspannung ein zweites Mal.

→ Bei dieser Übung wird die Entspannung der Muskulatur durch vorheriges intensives Anspannen erreicht, daher müssen Sie die Anspannung nur für ca. 5–10 Sekunden halten.

→ Vielleicht spüren Sie nach der Übung eine Veränderung in der betreffenden Körperregion – bspw. ein Kribbeln oder auch Wärme.

→ **Übung: Schulterübung 2 – Der Stern**
(Zeitbedarf: 2–3 Minuten)

→ Stehen Sie wie bei der Kopf-Nacken-Übung. Die Arme bleiben die ganze Übung hindurch ausgestreckt.

→ Bei dieser Übung konzentrieren Sie sich die ganze Zeit auf die Handinnenflächen und auf die Energie im Raum, die Sie mit der Bewegung verteilen.

→ Die Übung besteht aus 10 Schritten, mit jedem Schritt wird nur ein Teil des Körpers verändert. Ihre Atmung begleitet die Übung. Ein gutes Tempo ergibt sich daraus, dass Sie abwechselnd mit der Ein- oder der Ausatmung jeweils einen Schritt weitergehen.

→ *10 Schritte:*

1. *Arme im Winkel von 45° zum Körper parallel zueinander nach vorne strecken (d.h. schräg nach unten zeigend). Handflächen zeigen nach oben – EINS*

2. *Arme parallel zum Boden auf Schulterhöhe hochbringen, die Handflächen zeigen weiterhin nach oben – ZWEI*

3. *Drehen Sie die Arme so um, dass die Handflächen nach unten zeigen – DREI*

4. *Arme seitlich nach links und rechts strecken. Handflächen bleiben nach unten gekehrt, die Schultern locker lassen – VIER*

5. *Handflächen nach vorne drehen (viertel Drehung der Arme) – FÜNF*

6. *Arme mit Handflächen nach innen zusammenbringen bis parallel zueinander – SECHS*

7. *Arme parallel und gestreckt nach oben über den Kopf bringen – SIEBEN*

8. *Handflächen nach außen drehen – ACHT*

9. *Arme auf Schulterhöhe zur Seite strecken, Arme sind parallel zum Boden, Handflächen zeigen jetzt automatisch nach unten – NEUN*

10. *Arme an den Seiten bis nach ganz unten zu den Oberschenkeln führen – ZEHN*

→ *Wiederholen Sie die Übung viermal. Wenn Sie diese Übung schon etwas öfter gemacht haben, können Sie sie auch mit geschlossenen Augen durchführen und sich somit noch besser auf die Atmung und die Bewegung konzentrieren.*

→ *Sicher spüren Sie nach dieser Übung eine leichte Müdigkeit in Ihren Schultern, durch die Bewegung wird Muskulatur aufgebaut.*

→ Übung: Body-Twist
(Zeitbedarf: ca. 3 Minuten)

Achtung: Bei vorliegenden Bandscheibenproblemen bitte erst mit Ihrem Arzt sprechen!

→ *Stehen Sie wie bei der Kopf-Nacken-Übung.*

→ *Drehen Sie Ihren Oberkörper, Arme und Kopf locker abwechselnd nach rechts und links, indem Sie mit der Hüfte leichten Schwung holen und die Arme um sich schwenken. Die Arme sind dabei ganz locker, der Rumpf dreht sich, aber Beine und Becken bleiben so ruhig und stabil wie möglich (d.h., Sie drehen sich nicht (!) mit dem ganzen Körper, sondern nur mit dem Oberkörper). Wiederholen Sie diese Drehung für 1–2 Minuten und lassen Sie Ihren Atem dabei natürlich fließen.*

→ *Kommen Sie nun für 1–2 Atemzüge in die Ausgangstellung.*

→ *Dann drehen Sie Ihren Oberkörper und die Arme nach rechts (wie bei der ersten Drehung), der Kopf jedoch dreht auf die linke Seite. Danach spiegelverkehrt in die andere Richtung. Drehen Sie so langsam und vorsichtig für ca. 1 Minute und kommen Sie dann wieder in die Ausgangsposition.*

→ *Spüren Sie kurz nach. Was hat sich in Ihrem Rücken verändert?*

→ *Diese Übung bringt Flexibilität in die Wirbelsäule und stärkt die Bandscheiben.*

→ **Übung: Krokodilsübung**
(Zeitbedarf: ca. 3 Minuten)

→ *Da Sie diese Übung im Liegen ausführen, eignet sie sich im Regelfall nicht fürs Büro.*

→ *Legen Sie sich auf eine Matte oder Decke am Boden auf den Rücken. Winkeln Sie die Knie an und stellen Sie die Füße nebeneinander nahe am Becken auf. Die Arme breiten Sie seitlich auf Schulterhöhe aus. Die Handrücken liegen auf dem Boden.*

→ Lassen Sie nun Ihre Knie mit einer Ausatmung nach rechts in Richtung Boden sinken; behalten Sie dabei die Knie zusammen. Gleichzeitig drehen Sie Ihren Kopf zur linken Seite, so weit, wie es sich gut für Sie anfühlt. Bleiben Sie 2–3 Atemzüge so liegen und spüren Sie in die Drehung Ihrer Wirbelsäule hinein.

→ Mit einer Einatmung bringen Sie Ihre Knie wieder zur Mitte in die Ausgangsposition.

→ Mit der nächsten Ausatmung lassen Sie Ihre Knie sanft zur linken Seite Richtung Boden fallen, während Ihr Kopf nach rechts dreht. Spüren Sie auch hier für 2–3 Atemzüge wieder in die Drehung hinein.

→ Mit einer Einatmung stellen Sie Ihre Knie wieder in die Ausgangsposition.

→ Wenn Sie mögen, können Sie diese Bewegung in Verbindung mit Ihrem Atem noch einige Male wiederholen. Spüren Sie dabei jeweils in die Drehung Ihrer Wirbelsäule hinein.

→ Wieder in der Mitte angekommen, stellen Sie die Füße leicht auseinander und lehnen die Knie aneinander. Bleiben Sie so kurz liegen und nehmen Sie Ihren Rücken und Ihre Atmung wahr.

→ Diese Übung verbessert durch die sanfte Dehnung die Beweglichkeit Ihrer Wirbelsäule und löst Verspannungen im Rücken auf.

5.1.3 Entspannung

Entspannung und Anspannung sind Gegenpole und sollten sich möglichst in einem regelmäßigen Rhythmus abwechseln. Viele unserer Muskeln sind paarweise als Protagonist (Spieler) und Antagonist (Gegenspieler) angelegt, was bedeutet, dass der eine Muskel erschlafft (entspannt), während sich der andere zusammenzieht (anspannt). In Bezug auf unseren „Stress-Muskel" sollten sich Entspannung und Anspannung genauso wie Spieler und Gegenspieler verhalten. Natürlich gibt es Zeiten, in denen uns das weniger gut gelingt als in anderen. Das sollten aber Ausnahmen sein. Grundsätzlich ist der regelmäßige Wechsel dieser beiden Phasen anzustreben und keines-falls sollten dauerhaft die Stressphasen bei weitem länger sein als die Entspannungs-phasen.

Versuchen Sie, regelmäßige Entspannungsphasen in Ihren Tagesablauf zu inte-grieren.

Dazu zählen im Allgemeinen alle Maßnahmen, die in diesem Kapitel dargestellt werden. Entspannungstechniken im Speziellen sind solche, die ausschließlich auf die Entspannung von Körper und Geist ausgerichtet sind, wobei die körperliche Entspan-nung im Vordergrund steht, und die Sie in Stille ausführen. Zu diesen Techniken gehö-ren auch die in Kapitel 4.3 vorgestellten Achtsamkeitsübungen. Einige ausgewählte Beispiele für körperliche Entspannungstechniken im speziellen Sinne finden Sie in diesem Abschnitt.

Progressive Muskelentspannung (auch: Progressive Muskelrelaxation, kurz PMR)

Diese Tiefenentspannungsmethode geht auf den US-amerikanischen Arzt Edmund Jacobson (1888–1983) zurück und ist besonders leicht zu erlernen. Verschiedene Mus-kelgruppen werden in bestimmter Reihenfolge fest angespannt, kurz gehalten und dann wieder gelöst. Durch diese schnelle Abwechslung von „Protagonist" und „Anta-gonist" (also Anspannung und Loslassen) wird die eintretende Entspannung viel in-tensiver gespürt als ohne die vorherige Anspannung. Die Konzentration liegt dabei auf dem Wechsel von An- und Entspannung. Durch diese Übung können Sie im Laufe der Zeit erlernen, Ihre Muskeln willentlich in „ganz normalen" Lebenssituationen zu entspannen. PMR sollten Sie anfänglich am besten im Liegen üben und wenn möglich zur selben Zeit. Daher wird die Übung auch im Liegen beschrieben.

➜ **Tipp:**

Besonders gut eignet sich PMR vor dem Einschlafen, wenn Sie mögen auch in Kombination mit der Autosuggestionsübung „Entspannung" (siehe un-ten). Die nachfolgend beschriebene PMR-Anweisung ist eine Kurzversion, die Sie mit etwas Übung auch im Sitzen und sogar im Bürostuhl, im Zug oder Flugzeug ausführen können. Längere Versionen finden Sie auf etli-chen PMR-Entspannungs-CDs.

➜ **Übung: Kurzversion Progressive Muskelentspannung
(Zeitbedarf: ca. 10 Minuten)**

➜ *Legen Sie sich auf den Rücken: Beine gestreckt, Füße schulterbreit auseinander, Zehen fallen nach außen, Arme gestreckt, leicht vom Körper weg, Handflächen zeigen nach oben, Finger leicht eingerollt, Kopf gerade und in Verlängerung der Wirbelsäule (zie-hen Sie das Kinn kurz zum Brustbein und lassen Sie dann wieder los, dann liegt der Kopf meistens richtig).*

→ Schließen Sie die Augen.

→ Heben Sie nun das rechte Bein gestreckt leicht vom Boden ab, spannen Sie das ganze Bein an (nur das rechte Bein!) und ziehen Sie die Zehen des rechten Fußes Richtung Kopf. Halten Sie die Spannung 10–15 Sekunden und vergessen Sie dabei nicht zu atmen! Lassen Sie dann los, Ihr Bein „fällt" zurück auf den Boden. Bleiben Sie ca. 15–20 Sekunden entspannt liegen, spüren Sie in Ihr rechtes Bein hinein.

→ Verfahren Sie genauso mit dem linken Bein.

→ Danach spannen Sie das Gesäß fest an und heben das Becken leicht vom Boden ab, die Beine bleiben gestreckt. Halten Sie die Spannung für 10 Sekunden, atmen Sie dabei weiter und lassen Sie dann los. Entspannen Sie für ca. 15 Sekunden und spüren Sie in Ihr Becken.

→ Pressen Sie nun den unteren Rücken in den Boden, dazu müssen Sie Ihren Bauch anspannen. Halten und atmen Sie für 10–15 Sekunden, dann loslassen, entspannen und den unteren Teil des Oberkörpers wahrnehmen – für 15–20 Sekunden.

→ Dann heben Sie die Brust ab, dabei bringen Sie die Schulterblätter hinter Ihrem Rücken zusammen und wölben den Brustkorb weit nach oben. Halten und weiteratmen für ca. 10 Sekunden, entspannen für ca. 15 Sekunden.

→ Als Nächstes heben Sie beide Arme leicht angewinkelt vom Boden ab, machen Fäuste und spannen beide Arme und Hände fest an. Halten für 10–15 Sekunden, entspannen für 15–20 Sekunden.

→ Ziehen Sie nun die Schultern weiterhin im Liegen ganz nach oben zu den Ohren, machen Sie einen kurzen Hals. 10 Sekunden halten, entspannen für 15 Sekunden. Ziehen Sie dann Ihre Finger und Arme gestreckt nach unten zu den Füßen, machen Sie einen langen Hals und halten bzw. entspannen Sie genauso lang wie zuvor.

→ Ziehen Sie alle Gesichtsmuskeln Richtung Nase und machen Sie ein „Zitronengesicht". Stellen Sie sich vor, Sie hätten gerade herzhaft in eine Zitrone gebissen. Vor lauter „Säure" runzeln Sie Ihr Gesicht stark zusammen, wie bei einem uralten Menschen. Kurz halten und loslassen! Danach machen Sie ein langes Gesicht, ziehen Sie Ihre gesamten Gesichtsmuskeln so lang wie möglich, kurz halten und loslassen.

→ *Abschließend spannen Sie alle Muskelregionen an, die Sie vorher getrennt voneinander angespannt haben: Heben Sie die Beine vom Boden ab, Zehen Richtung Kopf + Arme abheben, anspannen undFäuste machen + Bauch anspannen + Gesäß anspannen + Kopf leicht abheben und nach hinten schauen – alles anspannen, kurz halten und loslassen.*

→ *Drehen Sie Ihren Kopf langsam zu einer Seite und dann zur anderen und wieder zur Mitte.*

→ *Bleiben Sie nun für 2–3 weitere Minuten (wenn Sie mögen, auch länger) liegen. Genießen Sie die Entspannung und nehmen Sie Ihren Körper wahr, indem Sie nochmals kurz mit Ihrem Bewusstsein von unten nach oben durch Ihren Körper hindurchwandern. Wenn Sie danach einschlafen wollen, dann lassen Sie sich direkt von der Übung in den Schlaf hinübergleiten. Wenn Sie danach wieder fit sein wollen, beenden Sie die Übung durch eine Aktivierung: Beginnen Sie, indem Sie zunächst Ihre Zehen und Finger bewegen, dann Ihre Füße und Hände, Ihre Beine und Arme, räkeln und strecken Sie sich. Wenn Sie wollen, kullern Sie sich etwas hin und her, tun Sie das, was Ihrem Körper jetzt guttut, und öffnen Sie dann erst die Augen.*

→ Übung: Autosuggestion „Entspannung"
(Zeitbedarf: ca. 10 Minuten)

Die Autosuggestion ist ein Prozess, in dem Sie mit Ihrem Unbewussten arbeiten, indem Sie sich selbst bestimmte Anweisungen geben – in diesem Falle zur Entspannung. Die Übung funktioniert immer besser, je öfter Sie diese durchführen. Nach einiger Zeit wird Ihr Körper die „Entspannungsanweisung" blitzschnell umsetzen.

→ *Sie können diese Übung im Liegen oder im Sitzen durchführen. Für Anfänger empfehle ich wieder das Liegen, da es so leichter ist, in den gesamten Körper hineinzuspüren und zur Ruhe zu kommen. Möchten Sie die Übung im Liegen ausführen, orientieren Sie sich bitte an der Anweisung hierfür aus der PMR-Übung. Wenn Sie diese Übung im Sitzen durchführen wollen, dann machen Sie es sich auf einem Stuhl bequem und lockern Sie wenn möglich Ihre Kleidung (bspw. Gürtel öffnen). Senken Sie Ihren Kopf leicht nach vorne und legen Sie Ihre Hände entspannt auf Knie oder Oberschenkel. Die Beine sind hüftbreit auseinander, Füße parallel auf dem Boden. Dies ist die so genannte „Droschkenkutscherhal-*

tung", die Sie alternativ für alle sitzenden Ruhe-Übungen verwenden können. Schließen Sie die Augen.

→ Bei dieser Übung bewegen Sie sich nicht, Sie reisen nur mit Ihrer Aufmerksamkeit durch Ihren gesamten Körper (ähnlich wie bei der Body-Scan-Übung, vgl. Kapitel 4). Dabei geben Sie sich selbst lautlos in Gedanken die Anweisung „Ich entspanne mein/meine..." und wiederholen diese Anweisung zweimal im Stillen.

→ Beginnen Sie mit den Füßen und denken Sie:„Ich entspanne meine Füße", wiederholen Sie diese Anweisung zweimal, lassen Sie Ihren Atem dabei natürlich fließen und bleiben Sie mit Ihrer Aufmerksamkeit bei den Füßen.

→ Danach nehmen Sie Ihre Fußgelenke wahr und denken:„Ich entspanne meine Fußgelenke". Verfahren Sie genauso wie bei den Füßen.

→ Weiter geht es in folgender Reihenfolge. Jede Anweisung denken Sie insgesamt dreimal hintereinander und bleiben in dieser Zeit mit der Aufmerksamkeit in der betreffenden Körperregion:

„Ich entspanne meine Waden."

„Ich entspanne meine Oberschenkel."

„Ich entspanne Gesäß und Hüften."

„Ich entspanne meinen unteren Rücken."

„Ich entspanne meinen oberen Rücken."

„Ich entspanne meine Hände und Arme."

„Ich entspanne meine Schultern."

„Ich entspanne meine Bauchorgane."

„Ich entspanne meine Brust."

„Ich entspanne Hals und Nacken."

„Ich entspanne meinen Kiefer."

„Ich entspanne meine Augen, Nase und Mund."

„Ich entspanne meinen Ohren."

„Ich entspanne meine Kopfhaut."

„Ich entspanne mein ganzes Gesicht."

„Mein ganzer Körper ist entspannt."

→ Bleiben Sie nun für 2–3 weitere Minuten (wenn Sie mögen, auch länger) liegen. Genießen Sie die Entspannung und nehmen Sie Ihren Körper wahr. Wenn Sie danach einschlafen wollen, dann las-

sen Sie sich direkt von der Übung in den Schlaf hinübergleiten. Wenn Sie danach wieder fit sein wollen, beenden Sie die Übung durch eine Aktivierung: Beginnen Sie, indem Sie zunächst Ihre Zehen und Finger bewegen, dann Ihre Füße und Hände, Ihre Beine und Arme, räkeln und strecken Sie sich. Wenn Sie wollen, kullern Sie sich etwas hin und her, tun Sie das, was Ihrem Körper jetzt guttut, und öffnen Sie dann erst die Augen.

Atemübungen

Die Stressreaktion beeinflusst auch unsere Atmung. Wie in Kapitel 2 beschrieben, brauchen wir im Zuge der Stressaktivierung mehr Sauerstoff, der dann Muskeln und Gehirn zur Verfügung gestellt wird. Um diesen höheren Sauerstoffbedarf zu decken, konzentriert sich der Körper unwillkürlich auf das Einatmen. Die Atmung wird schneller und flacher. Unsere Urahnen haben diese vermehrte Sauerstoffzufuhr gebraucht, um für Kampf oder Flucht gewappnet zu sein. Wie oben beschrieben, bleibt diese Zusatzenergie aber heute meist unverbraucht in unserem System. In extremen Stresssituationen haben Sie vielleicht sogar schon einmal die Erfahrung gemacht, dass Ihnen „die Stimme versagt", sie wird brüchig, weniger klar oder rasselt ein wenig. Der Grund dafür ist die maximale Anspannung der an der Atmung beteiligten Muskulatur im Brustbereich. Diese kann sogar dazu führen, dass die Stimmbänder zusammengepresst werden. Eine verstärkte Ausatmung entspannt die Atemhilfsmuskulatur. Atemübungen helfen, den Stress „wegzuatmen", indem sie den Atemrhythmus regulieren und so den Parasympathikus aktivieren. Dieser gibt Ihrem Körper einen Ruheimpuls und der erregende Gegenspieler (Sympathikus) wird abgeschwächt (vgl. Kapitel 2). Sie werden sich wahrscheinlich schon nach dem ersten Üben ruhiger und entspannter fühlen.

Trainieren Sie regelmäßig die folgenden Übungen, um die Wirkung zu intensivieren und so Ihre Kraftreserven wieder aufzutanken.

→ **Atemübungen**

→ **Übung 1: Entschleunigungsatmung
(Zeitbedarf: ca. 1–2 Minuten)**

→ *Sie können diese Übung im Liegen, Sitzen oder Stehen durchführen. Wenn Sie liegen wollen, richten Sie sich bitte nach den Anweisungen für die PMR. Während des Tages, empfehle ich, die Übung im Stehen auszuführen. Stehen Sie aufrecht, Füße schulterbreit und parallel zueinander, Knie ganz leicht gebeugt (also nicht überstreckt), Becken leicht nach vorne geschoben (kein Hohlkreuz), Kopf aufrecht in Verlängerung der Wirbelsäule. Lassen Sie Ihre Hände locker seitlich neben dem Körper hängen.*

→ Richten Sie Ihre Aufmerksamkeit auf den Atem. Atmen Sie durch die Nase ein und aus. Machen Sie zunächst 2–3 Bauchatmungen (siehe Bauchatmung, Kapitel 4). Einatmung und Ausatmung sind gleich lang.

→ Erweitern Sie nun Ihre Atmung zur vollen Yoga-Atmung. Dazu atmen Sie zunächst in den Bauch ein, füllen dann weiter Ihren Brustkorb bis hoch zu den Schlüsselbeinen. Wenn Sie ausatmen, atmen Sie zuerst aus dem Brustkorb aus, dann aus dem Bauch. Also, einatmen: Bauch geht hinaus, Brust geht hinaus – ausatmen: Brust geht hinein, Bauch geht hinein. Nehmen Sie 2–3 vollständige Atemzüge. Einatmung und Ausatmung sind gleich lang.

→ Dann verändern Sie in der vollständigen Yoga-Atmung den Atemrhythmus so, dass Sie doppelt so lange ausatmen, wie Sie einatmen. Also bspw. einatmen auf 4, ausatmen auf 8. Zählen Sie in Gedanken mit. Wenn das für den Anfang zu schwer ist, beginnen Sie mit 3–6, und wenn Sie noch viel mehr Luft haben, erweitern Sie auf 5–10. Nehmen Sie 5 Atemzüge mit dieser längeren Ausatmung.

→ Merken Sie, wie Sie ruhiger werden? Lassen Sie Ihren Atem wieder natürlich fließen und bringen Sie Ihre Aufmerksamkeit zu Ihrer Umwelt zurück.

→ Sollten Sie nach dieser Übung etwas müde geworden sein, dann öffnen Sie das Fenster und atmen Sie frische Luft ein oder schütteln Sie den ganzen Körper einmal kräftig aus.

→ Übung 2: Anti-Stress-Atmung
(Zeitbedarf: 1–2 Minuten)

Bei der Anti-Stress-Atmung betonen Sie die Ausatmung nicht durch deren Länge, sondern durch deren Intensität, d.h., Sie atmen kraftvoll und über den Mund aus. Diese Übung ist besonders geeignet für Momente, in denen Sie sich gerade über etwas geärgert haben oder der Stress in Ihnen „festzustecken" scheint.

→ Für die Körperposition gilt dasselbe wie bei der Entschleunigungsatmung.

→ Machen Sie auch hier zunächst 2–3 Bauchatmungen durch die Nase (siehe Bauchatmung, Kapitel 4). Einatmung und Ausatmung sind gleich lang.

→ *Danach führen Sie 2–3 volle Yoga-Atmungen aus (siehe oben) – auch komplett durch die Nase.*

→ *Nun atmen Sie weiterhin durch die Nase ein, aber kraftvoll durch den Mund aus. Die Ausatmung ist eher ein befreiendes Auspusten, so als ob Sie die Kerzen auf Ihrem Geburtstagskuchen auspusten wollten (und zwar nicht die von Ihrem 5., sondern eher von Ihrem 35. Geburtstag!). Stellen Sie sich dabei vor, wie Sie den Stress, das Problem oder den Ärger aus sich rausatmen. Der Atemrhythmus von Ein- und Ausatmen ist bei der Anti-Stress-Atmung gleich lang, doch die Konzentration liegt auf der Ausatmung. Atmen Sie so 3–5 Atemzüge (sollte Ihnen schwindelig werden, hören Sie bitte auf) und lassen Sie dann den Atem wieder natürlich fließen.*

→ *Bleiben Sie noch einen Augenblick ruhig stehen, schließen Sie die Augen und spüren Sie kurz nach.*

→ **Übung 3: Wechselatmung**
(Zeitbedarf: 5 Minuten)

Kern dieser Übung ist es, abwechselnd durch das linke und das rechte Nasenloch zu atmen. So wirkt die Wechselatmung sowohl geistig als auch körperlich entspannend, ausgleichend und Kraft spendend. Sie eignet sich besonders gut für eine kurze Pause zwischendurch.

→ *Führen Sie die Wechselatmung im Sitzen durch. Setzen Sie sich aufrecht hin, am besten auf den vorderen Teil eines Stuhls. Achten Sie darauf, dass Sie weder im Hohlkreuz sitzen noch einen Rundrücken machen. Der Kopf bildet die Verlängerung der Wirbelsäule und ist ebenfalls aufrecht. Die Füße stehen hüftbreit und parallel zueinander auf dem Boden. Legen Sie Ihre linke Hand entweder entspannt auf den linken Oberschenkel mit der Handfläche nach unten oder drehen Sie Ihre Hand nach oben und führen Sie Daumen und Zeigefinger zueinander.*

→ *Beugen Sie nun Zeige- und Mittelfinger der rechten Hand nach innen, der kleine Finger lehnt „arbeitslos" am Ringfinger. Die nun folgende Atmung führen Sie mithilfe des Daumens und des Ringfingers aus. Schließen Sie die Augen.*

→ *Halten Sie die rechte Hand in obiger Fingerstellung vor die Nase und atmen Sie durch beide Nasenlöcher aus.*

→ *Nun atmen Sie folgendermaßen immer durch die Nase:*

Verschließen Sie mit dem Daumen der rechten Hand das rechte Nasenloch und atmen Sie durch das linke Nasenloch ein, dann halten Sie die Luft an, indem Sie mit Daumen und Ringfinger beide Nasenlöcher verschließen (das tun Sie am besten, indem Sie leicht oberhalb des Nasenlochs in die Kuhlen der Nasenflügel drücken). Atmen Sie dann mit dem rechten Nasenloch aus, indem Sie das rechte Nasenloch öffnen – der Ringfinger verschließt gleichzeitig weiterhin das linke Nasenloch. Atmen Sie nun rechts ein, schließen Sie die Nasenlöcher und halten Sie die Luft an, um anschließend auf der linken Seite wieder auszuatmen, indem Sie das linke Nasenloch öffnen. Der Daumen der rechten Hand ist somit der „Türöffner" für das rechte Nasenloch, der Ringfinger der rechten Hand der „Türöffner" für das linke Nasenloch. Der Zähl-Rhythmus, in dem Sie einatmen, halten und ausatmen, ist 4:12:8 (zählen Sie also in Gedanken beim Einatmen bis 4, beim Halten bis 12 und beim Ausatmen bis 8); besonders Geübte können auch auf 4:16:8 atmen.

→ *Führen Sie die Wechselatmung 5-mal in jede Richtung aus (eine Runde = einmal nach links ein-/ausatmen und einmal nach rechts ein-/ausatmen).*

→ *Achten Sie während der Atmung darauf, dass Ihr Gesicht entspannt bleibt, Zunge und Unterkiefer gelöst und die Lippen locker sind.*

→ Übung: Augenübung
(Zeitbedarf: 3 Minuten)

Schlechtes Licht und unzureichende Muskelverfassung wegen zu langer Büro- oder Studierzeiten sind häufige Ursachen für eine Verschlechterung der Sehfähigkeit. Bei PC-Arbeit sind die Augen oft nach einer Weile durch den starren Blick zum Bildschirm sehr angespannt. Ihre Augenmuskeln werden dann einseitig belastet und brauchen daher dringend Ausgleich. Sie können diese Übung sehr gut direkt am Arbeitsplatz ausführen, wenn Sie merken, dass Ihre Augen überbeansprucht sind.

→ *Die Augenübung können Sie im Sitzen oder Stehen ausführen. Wenn Sie Brillenträger sind, sollten Sie Ihre Brille für diesen Moment abnehmen. Die Augen können Sie dabei offen oder geschlossen halten, für den Anfang ist die Übung mit offenen Augen leichter.*

→ *Führen Sie nun folgende 8 Augenbewegungen durch und nutzen Sie dabei jeweils den vollen Radius Ihres gesamten Blickfeldes aus:*

1. *Bewegen Sie Ihre Augen abwechselnd horizontal nach rechts und links (5-mal).*

2. *Bewegen Sie Ihre Augen abwechselnd vertikal nach oben und unten (5-mal).*

3. *Bewegen Sie Ihre Augen abwechselnd diagonal nach rechts oben und links unten (5-mal).*

4. *Bewegen Sie Ihre Augen abwechselnd diagonal nach links oben und rechts unten (5-mal).*

5. *Bewegen Sie Ihre Augen im Uhrzeigersinn („auf 1, auf 2, auf 3, auf 4 ... auf 12").*

6. *Bewegen Sie Ihre Augen im Gegenuhrzeigersinn („auf 12, auf 11, auf 10 ... auf 1").*

7. *Lassen Sie Ihre Augenlider ganz schnell auf- und zuflattern, wie ein Schmetterling (etwa 5 Sekunden).*

8. *Schließen Sie Ihre Augen, reiben Sie Ihre Handflächen fest und schnell gegeneinander (palmieren) und lassen Sie dadurch Wärme entstehen.*

Legen Sie die Handflächen jetzt wie Höhlen über Ihre Augen (nicht die Augenlider berühren!) und öffnen Sie dann die Augen langsam in die Handhöhlen hinein.

Nehmen Sie ihre Hände wieder von den Augen und lassen Sie die Augen kurz im Raum hin und her blicken.

Spüren Sie in Ihre Augen, Ihren Blick hinein.

Ist er jetzt klarer? Sehen Sie besser?

Exkurs: Yoga

Ashtanga-Vinyasa-Yoga, Bikram-Yoga, Iyengar-Yoga, Jivamukti-Yoga, Sivananda-Yoga, Power-Yoga und viele andere – es gibt mittlerweile so viele unterschiedliche Yoga-Stile, dass es gar nicht so leicht ist, herauszufinden, welches der richtige Stil für Sie ist. Manche sind eher sportlich orientiert, manche eher meditativ. Manche üben mit Hilfsmitteln, bei anderen wird eher ein tänzerischer Stil gelebt und wieder andere integrieren die Atmung als wichtigen Teil der Yoga-Übungen. Neben dem passenden Stil ist das Wohlbefinden in einer Yoga-Stunde zudem stark vom Yoga-Lehrer selbst abhängig. Normalerweise bietet jede Yoga-Schule eine (meist unentgeltliche) Probestunde an, um Schule, Stil und Yoga-Lehrer kennen zu lernen. Hören Sie auf Ihr inneres Gefühl und entscheiden Sie sich danach, ob Sie den passenden Yoga-Unterricht gefunden haben. Wenn Sie sich nicht wohl fühlen, probieren Sie eine andere Schule oder zumindest einen anderen Lehrer aus, was meist möglich ist, wenn unterschiedliche Lehrer in einer Schule unterrichten. Grundsätzlich sollten Sie Yoga durch einen Yoga-Lehrer erlernen und sich die Übungen nicht selbst über Bücher oder DVDs beibringen. Da man bei den körperlichen Yoga-Übungen (Asanas) leicht Fehlhal- tungen einnehmen kann, ist es wichtig, sich durch einen erfahrenen Lehrer korrigieren zu lassen – zumindest so lange, bis Sie in den Übungen sicher sind.

Die Tradition meiner Yoga-Lehrer-Ausbildung geht auf Sivananda zurück. Swami Sivananda wurde 1887 als Brahmanensohn in Südindien geboren, studierte dort zunächst Medizin und arbeitete als Arzt in Malaysia, bis er sein Leben dem Yoga und dessen Verbreitung widmete. Er gründetet 1932 den Sivananda-Ashram (Yoga-Zentrum) in Nordindien, schrieb in seinem Leben über 200 Bücher und bildete als großer Yogi zahlreiche Schüler unterschiedlicher Nationen und Religionen aus. Einige davon wurden selbst bekannte Yoga-Meister und zählen zu den Pionieren des Yoga im Westen. 1963 starb Swami Sivananda und hinterließ uns sein großes Wissen. Sivananda lehrte den ganzheitlichen Yoga bzw. den „Yoga der Synthese", eine Kombination aus unterschiedlichen Yoga-Wegen: Hatha-Yoga mit der Entwicklung des Körpers durch Körperübungen (Asanas), Atemübungen (Pranayama), Entspannung und gesunde Ernährung, die Entwicklung der Lebensenergie durch Kundalini-Yoga, die Entwicklung der Gefühle durch Bhakti-Yoga und Karma-Yoga, die Schulung des Geistes durch Raja-Yoga und Meditation sowie das Erlangen von Erkenntnis durch Jnana-Yoga. In der Praxis wird in den Yoga-Stunden, die auf der Tradition von Sivananda basieren, heute vor allem Hatha-Yoga gelehrt mit Asanas, die verhältnismäßig lange gehalten und eher meditativ aus geführt werden, sowie Atemübungen und Entspannung. Viele der in diesem Buch empfohlenen Übungen haben Ihren Ursprung im Yoga.

Ich habe schon in den 90er-Jahren meine ersten Erfahrungen mit dieser Yoga-Richtung gemacht und musste mich zunächst einmal an die für mich ungewöhnliche Atmosphäre in der Yoga-Schule sowie an Mantrasingen (Gesangsritual zu Beginn und Ende der Stunde), „Om", Atemtechniken und Körperübungen gewöhnen. Mittlerweile liebe ich die Mantras, meditiere täglich und praktiziere Atem- und Körperübungen mehrmals in der Woche. Zu Beginn bin ich wie fast jeder Anfänger ein- bis zweimal pro Woche in eine Yoga-Stunde gegangen und lernte so die außerordentlich entspannende, regenerative und gleichzeitig stärkende Wirkung von Yoga kennen. Für mich war und ist Yoga ein ausgezeichneter Weg, um Ausgleich zur täglichen Anspannung zu schaffen. Darüber hinaus ist Yoga und im Speziellen die Meditation eine sehr wirksame Möglichkeit, langfristig gelassener, mutiger und kraftvoller zu werden sowie mehr Vertrauen in sich selbst und ins Leben zu gewinnen. Erfahren Sie dazu mehr in Kapitel 6.

5.1.4 Ernährung

Unsere westliche Ernährung ist leider oft zu fett, zu süß, zu salzig. Das macht müde – und belastet unseren Organismus unnötig. Gerade die Menschen, die besonders viel Energie brauchen, da sie sehr viel arbeiten oder bspw. einen pflegebedürftigen Verwandten versorgen, vernachlässigen oft die Regeneration Ihres eigenen Energiehaushaltes. Viele lassen das Frühstück ausfallen, finden auch für die Mittagsmahlzeit keine Ruhe und essen nur „auf die Schnelle" neben der Arbeit irgendetwas, um den Hunger zu stillen. Erst abends gönnen sich viele die erste richtige Mahlzeit, die dann oft nicht einmal wirklich gesund ist. Dabei ist es in belastenden Zeiten sehr wichtig, sich gesund zu ernähren, da jeder Schub der Stresshormone Adrenalin und Cortisol (vgl. Kapitel 2) die körpereigenen Reserven an Vitalstoffen, Mineralien, Vitaminen und Spurenelementen abbaut. Gleichzeitig brauchen Körper und Gehirn in stressigen Situationen eine konstant höhere Energiezufuhr, um voll leistungsfähig zu bleiben. Daher sollten Sie auf eine nachhaltige Energiezufuhr durch Ihre Nahrung achten. Sonst besteht die Gefahr eines durch Stress ausgelösten „Dauerhungers", dem dann mit ungesunden, aber schnell verfügbaren Nahrungsmitteln (wie Schokolade, Kekse oder Salzgebäck) begegnet wird.

GESUNDE UND GENUSSREICHE ERNÄHRUNG IST EIN WICHTIGER BAUSTEIN FÜR DIE AUSRICHTUNG IHRES STRESSRADARS®. DABEI GEHT ES NICHT NUR DARUM, WAS SIE ESSEN ODER TRINKEN, SONDERN AUCH, WIE SIE ES TUN.

Gesund und genussreich essen

Es gibt viele Arten, Nahrungsmittel in gesund oder ungesund einzuteilen. Eine mögliche Methode ist, sich nach dem „Energieerhaltungwert" von Nahrungsmitteln zu richten. Hierbei bedeutet ein hoher Energieerhaltungswert (entspricht in der Fachsprache einem niedrigen glykämischen Index), dass diese Nahrungsmittel gut und lange sättigen und somit Ihren Organismus über einen längeren Zeitraum ausreichend mit der notwendigen Energie versorgen.

Zu diesen positiv auf Ihren Energiehaushalt wirkenden Nahrungsmitteln zählen bspw.:
→ Vollreis oder Wildreis
→ Milchprodukte
→ Salate
→ Gemüse (wie Zucchini, Aubergine, Brokkoli, Rotkohl, rohe Karotten, getrocknete Bohnen oder Linsen)
→ Vollkornbrot
→ Roggenbrot aus Sauerteig
→ Orangen
→ Äpfel
→ Birnen
→ Nüsse
→ Vollkorn- und Haferflocken

Im Gegenzug dazu sollten Sie Nahrungsmittel mit einem hohen glykämischen Index (niedriger Energieerhaltungswert) eher vermeiden.
Zu diesen zählen bspw.:
→ Zucker
→ Traubenzucker
→ Malzzucker
→ Pommes Frites
→ Salzkartoffeln
→ Schnellkochreis
→ gekochte Karotten
→ Weizenmehlprodukte (wie Weißbrot, Weizennudeln, Kuchen oder Pizza aus Weißmehlteig)
→ Cornflakes
→ gezuckerte Getreideflocken
→ Bananen
→ Vollmilchschokolade

Es gibt viele weitere Ernährungssysteme und -regeln. Welches ist nun das richtige System für Sie? Das ist von Ihrer Lebens- und Arbeitsweise sowie von Ihrer gesamten Konstitution abhängig und sollte daher individuell auf Sie abgestimmt werden. Um einen geeigneten Ernährungsplan zu entwickeln, sollten Sie sich mit Ihrem Hausarzt, einem Heilpraktiker oder einem Ernährungsberater besprechen. Neben den spezifischen Ernährungssystemen gibt es jedoch eine Reihe von allgemein gültigen Regeln, an denen Sie sich gerade in belastenden Zeiten orientieren können, um die Energiebilanz Ihres Körpers positiv zu beeinflussen und somit Ihren Organismus optimal zu unterstützen.

Tipps zum gesunden Essen in stressigen Zeiten

→ Starten Sie in den Tag mit einem ausreichenden, vollwertigen Frühstück, das hält Sie für viele Stunden satt (Müsli, Vollkornbrot etc.).

→ Planen Sie eine feste Mittagsmahlzeit ein. Bringen Sie sich entweder Rohkost, Salate, Gemüse etc. von zu Hause mit oder wenn Sie etwas „to go" kaufen wollen, dann setzen Sie auf gesündere Schnellgerichte. Zumindest in den Städten hat sich das Angebot heute stark verändert. Dort finden Sie Angebote mit Sushi, asiatischen Wok-Gerichten, Salaten und anderen Gerichten, die viel gesünder sind als Weißbrot-Sandwiches, fettige Pizza oder sahnige Pasta-Saucen. Vermeiden Sie auch Fertigsalatdressings, diese sind meist sehr kalorienhaltig und bringen wenig Energie. Greifen Sie stattdessen lieber zu Essig und Öl oder bringen Sie sich ein selbst gemachtes Dressing mit ins Büro. Wenn Sie Mahlzeiten zugunsten Ihres Arbeitspensums ausfallen lassen, riskieren Sie einen Energieabfall und damit die Verminderung Ihrer Konzentrationsfähigkeit. So entstehen Fehler, die Sie dann mit hohem Energieaufwand wieder „geraderücken" müssen.

→ Wenn möglich stellen Sie sich immer etwas Joghurt oder andere leichte Kleinigkeiten in den (Büro-)Kühlschrank und eine Schale mit frischem Obst auf den Schreibtisch. So haben Sie immer einen gesunden Energiebringer-Snack bereit, wenn Sie zwischendurch hungrig sind, und Sie vermeiden den schnellen Griff zu Müsliriegel, Meeting-Keksen oder auch Salzgebäck.

→ Nehmen Sie Ihr Abendessen bis zu drei Stunden vor dem Schlafengehen ein. Wenn Sie in Zeiten hoher Belastung eventuell sowieso schon unruhiger schlafen, kann ein voller Magen Ihre Schlaferholung zudem verschlechtern.

→ Gönnen Sie sich qualitativ gutes Essen. Wir Deutschen geben interessanterweise im Vergleich zu unseren europäischen Nachbarn einen viel geringeren Teil unseres Nettogehalts für Nahrungsmittel aus. Achten Sie auf Qualität, dann macht das Kochen mehr Spaß und Essen wird wieder zum Genuss.

→ Essen Sie saisonal. Kaufen Sie Obst und Gemüse, das zur aktuellen Jahreszeit in Ihren Regionen wächst. Dann haben Sie gute Chancen auf hochwertige Produkte und geben dem Körper die Inhaltsstoffe, die er zu dieser Jahreszeit auch braucht.

→ Wenn Sie nicht genug Zeit haben, regelmäßig frische Produkte einzukaufen, entscheiden Sie sich für hochwertige Tiefkühlprodukte. Wenn diese direkt nach Ernte oder Fang gefroren werden, sind sie eine gute Alternative zu frischen Produkten.

→ Zwei wichtige Regeln:

→ Essen Sie mit Lust.

Das ernährungswissenschaftlich betrachtet weniger förderliche Nahrungsmittel, das Sie langsam und mit Genuss zu sich nehmen, kann für Sie besser sein, als sich an Ernährungspläne zu halten, deren Bestandteile Sie eigentlich verabscheuen. Verstehen Sie das bitte nicht als Freifahrtschein für Bier, Pommes Frites und Pizza. Sondern finden Sie Ihren ganz persönlichen Kompromiss aus dem, was gut für Sie ist und was Ihnen schmeckt. Und dann nehmen Sie sich die Freiheit, mit Freude das zu verspeisen, wofür Sie sich entschieden haben!

→ Wenn Sie essen, essen Sie.

In einer Geschichte fragen Schüler Ihren alten Zen-Meister danach, wie er es mache, dass er immer so ausgeglichen und zufrieden sei. Darauf sagt der Zen-Meister: „Wenn ich liege, dann liege ich. Wenn ich aufstehe, dann stehe ich auf. Wenn ich gehe, dann gehe ich und wenn ich esse, dann esse ich." In Kapitel 4 haben Sie bereits einiges über das Konzept der Achtsamkeit gelernt. „Wenn ich esse, esse ich", heißt nichts anderes, als dass gesunde Nahrungsaufnahme mit Achtsamkeit verbunden ist. Viele von uns arbeiten, während sie essen, lesen E-Mails oder reden mit Kollegen oder Freunden. Am Ende der Mahlzeit haben sie gar nicht richtig mitbekommen, wie das Essen geschmeckt hat, sie spüren höchstens das Sättigungsgefühl. Genussreich essen heißt, kauen, schmecken, sich bewusst sein, was Sie zu sich nehmen. Sie werden merken, dass Sie so oft viel schneller satt sind, die Nahrung Ihnen besser bekommt und Ihre Mahlzeit zu einer stärkenden Ruhepause in Ihrem schnellen Arbeitsalltag wird.

Richtig trinken

Ausreichende Flüssigkeitszufuhr ist essenziell für Ihre geistige und körperliche Fitness. Nehmen Sie zu wenig Flüssigkeit zu sich, wird Ihr Blut dicker und fließt langsamer. So wird Ihr Körper unzureichend mit Nährstoffen und Sauerstoff versorgt. Dieser Mangel vermindert Ihre Konzentrations- und Leistungsfähigkeit, erhöht das Risiko von Herz-Kreislauf-Erkrankungen, lässt die Haut schneller altern und führt zu Verdauungsproblemen. Gleichzeitig brauchen Sie einen guten Flüssigkeitshaushalt, um unbrauchbare, teils giftige Stoffwechselprodukte ausscheiden zu können, die sich sonst im Körper ablagern.

Was bedeutet nun eine ausreichende Flüssigkeitszufuhr?
Und welches ist das richtige Getränk?

Die allgemeinen Angaben zum Thema Flüssigkeit lauten: Trinken Sie mindestens 2,5 Liter am Tag. Bei Hitze, wenn Sie Sport treiben oder körperlich schwer arbeiten, erhöht sich Ihr Flüssigkeitsbedarf entsprechend. Dabei zählt nicht jede Art von Flüssigkeit, da sich nicht jedes Getränk positiv auf Ihren Flüssigkeitshaushalt auswirkt. Schwarzer Tee und Alkohol wirken harntreibend, damit entziehen sie dem Körper Flüssigkeit. Bei Kaffee sind sich die Experten offenbar nicht ganz einig. Lange wurde dessen Wirkung genauso wie die von schwarzem Tee und Alkohol eingeschätzt. Mittlerweile scheint die überwiegende Meinung zu sein, dass Kaffee keine negative Wirkung auf Ihren Flüssigkeitshaushalt hat. Trotzdem ist es sicher sinnvoll, täglich größere Mengen Kaffee zu vermeiden. Wasser, Tee (Kräuter, Rooibos oder Früchte) und Saftschorlen sind besonders geeignet, um unseren Flüssigkeitshaushalt aufzufüllen, wobei eine Saftschorle am wirksamsten im Verhältnis ein Anteil Saft auf drei Anteile Wasser zu mischen ist. Häufig werde ich in meinen Seminaren gefragt, ob denn nun Wasser mit oder ohne Kohlensäure besser sei. In Bezug auf Ihren Flüssigkeitshaushalt lautet die Antwort: Beide haben dieselbe Wirkung, abgesehen davon, dass man von stillem Wasser größere Mengen auf einmal trinken kann. Das liegt daran, dass die Sprudelblasen beim hastigen Trinken „im Weg sein" können und die Kohlensäure schneller ein Völlegefühl im Magen hervorruft.

Wenn Sie Durst verspüren, ist Ihr Körper bereits in einem Mangelzustand. Wenn Sie die Notwendigkeit zu trinken erst dann wahrnehmen, wenn Mund und Rachen sich schon trocken anfühlen, dann sieht Ihre momentane Flüssigkeitsbilanz schon recht schlecht aus und Sie haben Ihre ersten Durst-Warnsignale „überhört".

→ Tipp:

Stellen Sie sich am besten immer eine große Flasche bzw. Karaffe Wasser oder Saftschorle vor sich auf den Schreibtisch und trinken Sie regelmäßig davon – noch bevor Sie Durst haben. Wenn Sie nach einigen Stunden oder zumindest am Ende des Arbeitstages die Flasche noch nicht geleert haben, dann tun Sie es, bevor Sie Ihren Arbeitsplatz verlassen.

Achten Sie auf Ihren Flüssigkeitshaushalt, indem Sie achtsamer für Ihre Trinkgewohnheiten werden. Erinnern Sie sich daran, wie Gewohnheiten entstehen (vgl. Kapitel 3.2)!

Verändern Sie Ihre Denk- und Handlungsmuster in Bezug auf Ihr Trinkverhalten so, dass Sie neue, stärkende Gewohnheiten entwickeln können. Nach einiger Zeit wird es normal für Sie sein, Ihren Flüssigkeitshaushalt optimal zu versorgen. Und Sie werden sich daran freuen, gesünder, leistungsfähiger und ausgeglichener zu sein.

5.1.5 Schlaf

Ohne ausreichenden und regelmäßigen Schlaf sind alle anderen Stressbewältigungsmaßnahmen nur halb so effektiv. Denn Schlaf dient nicht nur Ihrer körperlichen

Regeneration, sondern auch der geistigen. Schlafmangel hingegen vermindert Ihre Leistungs- und Konzentrationsfähigkeit und kann auf Dauer zu Bluthochdruck, depressiven Verstimmungen und Angstzuständen oder auch höherer Reizbarkeit führen. Stress ist somit vorprogrammiert.

VOR EINEM WICHTIGEN TERMIN ODER EINEM ANSTRENGENDEN TAG SOLLTEN SIE NICHT NUR GUT VORBEREITET, SONDERN AUCH AUSGESCHLAFEN SEIN.

Befragt man Menschen nach Ihrem gesundheitlichen Wohlbefinden, klagen viele über Schlafstörungen. Einige können schlecht einschlafen, andere haben Durchschlafprobleme oder wachen morgens viel zu früh auf. Und wieder andere gönnen sich schlichtweg zu wenig Schlaf; sie glauben, es sich nicht leisten zu können, ausreichend zu schlafen, weil zu viele Aufgaben auf sie warten. Dabei ist erholsamer Schlaf ist sowohl in körperlicher als auch in geistiger Hinsicht ein Stärkungsmittel.

Wichtige Effekte von erholsamen Schlaf:

→ Im Schlaf wird das Stresshormon Cortisol in hohem Maße abgebaut. Damit ist Schlaf eine der wichtigsten Formen der Entspannung.

→ Während wir schlafen, laufen wichtige Reparaturvorgänge in unserem Körper ab. Unser Körper regeneriert sich. Nicht ohne Grund haben schon unsere Großmütter gesagt: „Schlafen ist die beste Medizin."

→ Gleichzeitig regulieren sich während des Schlafens viele Stoffwechselvorgänge: Nährstoffe werden verwertet, Hormone aktiviert und das Immunsystem aufgerüstet.

→ Im Schlaf werden im Gehirn die Erfahrungen und Informationen des Tages verarbeitet, Gedächtnisinhalte verknüpft und verankert, unwichtige Informationen gelöscht und die Voraussetzungen für das Aufnehmen neuer Eindrücke geschaffen. Das Gehirn lernt im Schlaf. So konnte durch zahlreiche wissenschaftliche Experimente nachgewiesen werden, dass unser Gehirn Aufgaben, die es „mit in den Schlaf" nimmt, löst, indem es das Problem mit alten Mustern und Erfahrungen abgleicht.

Nicht jeder Mensch braucht gleich viel Schlaf. Doch trotz aller Unterschiedlichkeit gilt in der Regel, dass 7–8 Stunden pro Tag optimal sind für Ihre Regeneration. Sollte Ihr Schlaf einmal zu kurz kommen, holt der Körper sich diesen, wenn er die Möglichkeit dazu hat, in der nächsten Nacht durch längeres Schlafen zurück. Dauerhaft sollte diese Zeit nur unterschritten werden, wenn Sie bspw. regelmäßigen und längeren Mittagsschlaf halten und so insgesamt auf eine ausreichende Schlafzeit kommen. Ein

10–15–minütiges Mittagsnickerchen, heute auch gerne als „Power-Napping" bezeichnet, gleicht dauerhaften Schlafmangel zwar nicht aus, macht Sie aber frisch und kann bei insgesamt ausreichendem Schlaf zu einer deutlichen Leistungssteigerung führen. Wenn Ihr Arbeitstag dies ermöglicht, ist das nicht nur ein sehr guter Weg, um etwaigen nächtlichen Schlafmangel zumindest teilweise nachzuholen, es ist auch sonst als Entspannungsmethode äußerst empfehlenswert.

Generell sollten Sie bei Schlafproblemen auf Schlafmittel oder erhöhten Alkoholkonsum als „Schlafhilfe" verzichten. Damit lösen Sie das Problem nicht und verringern zudem Ihre Regeneration durch den Schlaf.

Folgende Tipps hingegen können Ihnen helfen, Ihre Schlaferholung zu steigern:

→ Gewöhnen Sie sich eine Schlafroutine an. Dazu gehören regelmäßige Aufsteh- und Zu-Bett-geh-Zeiten sowie eine Abfolge von Handlungen, die Sie automatisch durchführen können. So schaltet Ihr Gehirn schon kurz vor dem Schlafengehen in den Energie sparenden Autopilot-Modus und kann sich auf die anstehende Ruhephase einstellen. Eine warme Badewanne oder die bekannte „Heiße Milch mit Honig" bspw. wirken beruhigend und eignen sich gut als Bestandteil Ihrer Einschlafroutine.

→ Vermeiden Sie Aufregungen direkt vor dem Schlafengehen. Ein spannender Spielfilm, das eigene Fitnessprogramm oder ein aufwühlender Krimi direkt vor dem Einschlafen sind genauso wenig als Einschlafhilfe geeignet wie Problemdiskussionen mit dem Partner.

→ Stoppen Sie Grübelgedanken! Hierzu haben Sie schon einige Übungen gelernt. Für das Schlafen gibt es noch eine Zusatzübung. Legen Sie sich Zettel und Stift bereit, aber bitte an einem anderen Ort als Ihrem Schlafzimmer, bspw. in der Küche oder im Arbeitszimmer. Wenn Sie nachts aufwachen und grübeln müssen, stehen Sie auf und gehen Sie ins andere Zimmer, um sich dort Ihre Gedanken zu notieren. Wenn Sie vor dem Einschlafen grübeln, können Sie genauso verfahren. Es ist wichtig, dass Sie Ihre Problemgedanken nicht (!) im Bett aufschreiben, sondern an einem anderen Ort. In Schlaflaboren wurde nachgewiesen, dass die Wirkung des Gedankenaufschreibens auf die Schlaferholung viel höher ist, wenn der Raum rund ums Bett von Anspannung und Sorgen frei gehalten wird. Also nehmen Sie Ihren Stress nicht mit ans Bett!

→ Körperliches Training fördert den Schlaf (nur bitte nicht direkt vor dem Einschlafen). Trainieren Sie regelmäßig und geben Sie sich danach einige Zeit, um wieder zur Ruhe zu kommen.

→ Verzichten Sie am Abend auf üppige und schwere Mahlzeiten. Wie alle Stoffwechselvorgänge wird auch die Magen-Darm-Tätigkeit nachts reduziert. Ist der Magen voll, fällt es uns schwerer einzuschlafen und auch das Durchschlafen und die Schlafqualität leiden unter dem Völlegefühl.

→ Verzichten Sie nach 16 Uhr auf koffein- und teinhaltige Getränke.

→ Achten Sie auf günstige Schlafbedingungen: Die Zimmertemperatur sollte bei 15–18 Grad Celsius liegen. Trockene und warme Heizungsluft ist schlecht für Ihre Schlaferholung. Lüften Sie daher das Schlafzimmer vor dem Schlafengehen noch einmal gut durch, damit Sie während der Nacht frische, sauerstoffreiche Luft zur Verfügung haben. Überprüfen Sie auch Ihre Matratze, inwiefern sie Ihren persönlichen Bedürfnissen entspricht und wechseln Sie sie bei Bedarf aus.

→ Und – erzwingen Sie nichts. Bewerten Sie gelegentliche Schlafstörungen nicht als Problem, sonst machen Sie sich mehr Druck als nötig und das verhindert wiederum das Einschlafen. Machen Sie eine Entspannungsübung (bspw. die unter 5.1.3 beschriebene Autosuggestion „Entspannung"; gut auch in Kombination mit einer vorher geübten Progressiven Muskelentspannung) oder hören Sie eine Entspannungs-CD.

→ Sollten sich Ihre Schlafprobleme aber trotz obiger „Hilfsmittel" über einen längeren Zeitraum nicht lösen, dann sprechen Sie bitte mit Ihrem Hausarzt darüber und holen Sie sich professionelle Hilfe.

5.2 Ausgleich auf Gedankenebene

In den Kapiteln 3 und 4 haben Sie gelernt, welchen großen Einfluss unsere Gedanken auf unser Wohlbefinden haben. Vielleicht haben Sie bereits einige der Übungen zur Erkennung Ihrer gedanklichen Frühwarnsignale durchgeführt. Dann sind Sie schon dabei, mehr über die Gedankenmuster zu lernen, die Ihnen in Ihrem Leben immer wieder Stress bereiten, und haben den ersten Schritt zu Ihrem mentalen Stressausgleich getan.

5.2.1 Stoppen Sie Ihre Denkfallen

Langfristig können Sie Ihre Denkmuster und damit auch Teile Ihrer Persönlichkeit so beeinflussen, dass Sie immer seltener in belastende Alltagssituationen geraten (siehe Kapitel 6 „Resistenz stärken"). Auch kurzfristig können Sie auf Ihrer Gedankenebene inneren Ausgleich schaffen, indem Sie mit den Stress auslösenden Gedanken in besonderer Weise umgehen.

Stressbewältigung auf Gedankenebene heißt in diesem Sinne:

1. Gedanken beobachten und Stress auslösende Gedanken erkennen
2. Stress auslösende Gedanken unterbrechen
3. Diese Gedanken durch neue, kraftvolle Gedanken ersetzen

Durch die Übungen in Kapitel 4 haben Sie schon einige Ihrer typischen Stressgedanken erkannt. Nun lernen Sie, diese zu unterbrechen. Nutzen Sie dazu eine der folgenden Übungen.

→ **Übung: Gedanken-Stopp-Technik**

→ *Stellen Sie sich ein „Rudel" junger Hunde vor. Jeder dieser energiereichen Kerle macht, was er will. Sie stehen davor und wollen das Rudel bändigen. Zunächst einmal müssen Sie sich Gehör verschaffen. Das machen Sie, indem Sie laut und deutlich „Stopp" rufen. Unterstützen Sie diese Anweisung durch eine passende Mimik und eine kraftvolle Körperbewegung – sodass auch Ihr Körper dem Rudel junger Hunde Einhalt gebietet. Machen Sie das drei mal hintereinander: „Stopp" mit lauter, klarer Stimme und entsprechendem dominanten Körperausdruck. Verinnerlichen Sie diese Körperbewegung für die Zukunft, indem Sie – wann immer Sie Ihre Gedanken mit einem innerlichen „Stopp" zur Ruhe bringen – in Gedanken dieselbe Körperbewegung ausführen. Ihre Gedanken sind zwar kein Rudel junger Hunde, doch verhalten Sie sich oft genauso undiszipliniert und „rennen" durch Ihren Kopf – ganz im Sinne des von Buddha beschriebenen „monkey mind" (vgl. Kapitel 4.4). Sie dürfen sich auch gerne eine Horde Affen oder andere Lebewesen vorstellen, denen Sie Einhalt gebieten wollen. Das Rudel junger Hunde ist als Veranschaulichung gedacht, damit Sie sich leichter vorstellen können, welche Kraft Ihr „Stopp" braucht, um Ruhe in Ihre – wie eine meiner Seminarteilnehmerinnen einmal sagte – „Husch"-Gedanken zu bringen.*

→ *Wenden Sie die Gedanken-Stopp-Technik immer dann an, wenn Sie das Gefühl haben, dass Ihre Gedanken sich in einer Endlosschleife um Ihre Sorgen oder Themen drehen, die Ihnen Stress bereiten. Sagen Sie in Gedanken bestimmend „Stopp" und stellen Sie sich Ihre entsprechende Körperhaltung vor.*

→ *Je öfter Sie diese Technik benutzen, desto stärker wird sie wirken. Am Anfang müssen Sie sicherlich einige Male hintereinander „Stopp" denken, bis Ihre Gedanken zur Ruhe kommen.*

→ **Übung: Den Gedanken anhalten:**
(Zeitbedarf: ca. 3 Minuten)

→ *Nehmen Sie eine entspannte und aufrechte Sitzhaltung ein und schließen Sie die Augen. Spüren Sie ganz bewusst in Ihren Köper hinein. Nehmen Sie wahr, wie er auf der Sitzunterlage ruht. Vielleicht können Sie all die Stellen wahrnehmen, an denen Ihr Körper den Boden und den Stuhl berührt – spüren Sie den Empfindungen nach. Dann nehmen Sie sich einen Augenblick Zeit, Ihren Körper als Ganzes wahrzunehmen.*

→ *Beobachten Sie völlig neutral Ihre Gedanken für die nächsten 10–15 Sekunden. Lassen Sie Ihre Gedanken kommen und gehen, beobachten Sie diese einfach. Nun stellen Sie sich folgende Frage: „Woher kommt mein nächster Gedanke?" Und dann warten Sie sehr aufmerksam auf das, was unmittelbar nach der Frage passiert. Haben Sie eine Lücke zwischen den Gedanken bemerkt? Falls Sie sehr aufmerksam waren, haben Sie vielleicht festgestellt, dass Ihr Geist – wie eine Katze, die ein Mauseloch beobachtet – gewartet hat, dass etwas geschieht. Wenn Sie das bemerken konnten, haben Sie bereits einen kurzen Moment ohne Gedanken erlebt.*

→ *Wiederholen Sie die Übung für 2–3 Minuten. Beobachten Sie Ihre Gedanken und stellen Sie sich jeweils nach ca. 15 Sekunden dieselbe Frage: „Woher kommt mein nächster Gedanke?", wahlweise können Sie auch fragen: „Welche Farbe hat mein nächster Gedanke?" Die Frage selbst ist nicht wichtig, nur Ihre Aufmerksamkeit. Achten Sie auf die Lücke zwischen den Gedanken. Suchen Sie nach ihr. Die Denk-Pausen-Lücke mag flüchtig sein, aber sie ist da. Oft ist es sogar so, dass – gerade weil Sie sich so aufmerksam für den nächsten Gedanken interessieren – sich gar keiner mehr zeigt und die Gedanken-Lücke immer größer wird.*

→ *Beenden Sie die Übung, indem Sie sich wieder den Raum vorstellen, in dem Sie sitzen, und öffnen Sie die Augen. Wenn Sie möchten, atmen Sie ein paarmal tief durch oder strecken Sie sich kurz aus.*

→ *Wie fühlen Sie sich jetzt? Vielleicht spüren Sie die Entspannung in Ihrem Körper und Ihren Gedanken. Vielleicht empfinden Sie so etwas wie Stille oder Frieden. Wenn der Geist aufhört, angestrengt nachzudenken, dann entspannt sich auch der Körper.*

Wenn Sie mithilfe der oben beschriebenen Gedanken-Stopp-Technik bzw. der Übung zum Gedankenanhalten Ihre Stress auslösenden Gedanken unterbrochen haben, haben Sie nun die Freiheit, einen anderen kraftvolleren Gedanken zu denken. Welcher Gedanke hier der richtige ist, kommt auf Ihre Persönlichkeit genauso an wie auf die Situation, in der Sie sich befinden.

Wenn es bspw. darum geht, in Ruhe einschlafen zu können, sollten Sie als kraftvollen Gedanken einen heranziehen, der sie glücklich macht (je mehr, desto besser).

Für den Anfang halten Sie am besten einen solchen Gedanken bereit; vielleicht ist es der erste Blick in das Gesicht Ihres Kindes, vielleicht das Bild eines geliebten Menschen oder auch eines kleinen Kätzchens oder die Erinnerung an einen wunderschönen Urlaubsmoment – alles passt, was in Ihrem Gehirn eine glückliche „Gedankenautobahn" anstößt und Ihnen hilft, die stressige zu verlassen.

Wenn Sie bspw. im Büro sind und sich Ihre Gedanken um ein Problem drehen, für das Sie in diesem Moment eine Lösung suchen, eröffnen sich nach der Unterbrechung der Stress auslösenden Gedanken andere Möglichkeiten, um das Problem und damit die innere Unruhe zu bewältigen. Im Weiteren finden Sie einige dieser Bewältigungsstrategien.

‚If you want to change the game, you have to change the frame.'
(John Wooden, US-amerikanischer Basketballtrainer)

Perspektivenwechsel

Unsere Erfahrungen sind immer mehrdimensional. Sie sind sozusagen konkret und allgemein zugleich. In Kapitel 3 haben Sie gelernt, aus welchem Grunde Sie sich für bestimmte Perspektiven entscheiden und diese zu Ihrer „wahren" Sicht auf die Dinge gemacht haben. Sie wissen, dass die von Ihnen unbewusst gewählte Perspektive, also Ihr Blick auf die Welt, nicht immer hilfreich für Sie sein muss. Perspektivenwechsel heißt in diesem Falle, sich ganz bewusst für eine Perspektive zu entscheiden, die Ihnen guttut. Hierbei geht es nicht darum, Fakten zu ignorieren! Meist grübeln wir jedoch über Möglichkeiten, Ideen, Sorgen nach, die nicht auf Fakten basieren, sondern nur auf Eventualitäten oder möglichen Interpretationen. Es steht Ihnen frei, sich für diese meist stressfördernde oder eher für eine stärkende Perspektive zu entscheiden. Treffen Sie Ihre Wahl!

Nachfolgend einige Anregungen zum Perspektivenwechsel:

Der Realitätscheck

Stellen Sie sich folgende Fragen:
→ Was genau ist wirklich passiert?
→ Was würde xy dazu sagen? (Wobei xy eine Person sein sollte, die Sie als „Fels in der Brandung" beschreiben würden, jemand, der sich nicht so leicht unterkriegen lässt.)
→ Was werde ich selbst in einer Woche, einem Monat oder einem Jahr darüber denken?
→ Was an dem Problem kann ich als positive Herausforderung umdefinieren?
→ Wie wichtig ist die problematische Situation tatsächlich für mein gesamtes Leben? Und wie viel Raum will ich dieser Situation oder der Sorge in meinem Leben geben?

Oft betreffen die Sorgen nur einen sehr kleinen Teil in unserem Leben, sonst ist alles in bester Ordnung. Visualisieren Sie sich den Anteil des Problems an Ihrem Leben, indem Sie einen großen Kreis als Sinnbild für Ihr Leben aufmalen und darin einen kleineren, der die tatsächliche Relevanz des Problems für Ihr Leben ausdrückt.

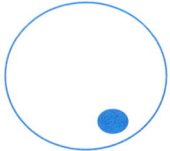

Je kleiner der „Problemkreis" im Vergleich zu Ihrem gesamten Leben ist, desto leichter fällt es Ihnen, die problematische Situation weniger wichtig zu nehmen.

Alternativ oder zusätzlich zu der Beantwortung obiger Fragen können Sie auch Ihre Sorgen aufschreiben. Überprüfen Sie dann in einem festgelegten Abstand (von bspw. einem Monat) deren Realitätsgehalt. Wenn Sie öfter so vorgehen, können Sie sich nach einiger Zeit selbst davon überzeugen, dass die meisten Ihrer Sorgen unbegründet oder zumindest übertrieben sind.

Die inneren Ressourcen nutzen

→ Stehen Sie vor einer Aufgabe, die Sie glauben, nicht bewältigen zu können?

→ Welche inneren Ressourcen scheinen Ihnen dazu zu fehlen? Mut, Kraft, Ehrgeiz oder auch die Fähigkeit, andere zu überzeugen?

Was immer es ist, denken Sie einmal zurück an andere Situationen in Ihrem Leben. Sie haben schon so viele Schwierigkeiten überwunden und so viele Aufgaben zu Ihrer Zufriedenheit gelöst. Sicher haben Sie dort auch genau die Fähigkeiten, die Ressourcen gezeigt, von denen Sie jetzt glauben, Sie nicht ausreichend zu besitzen. Machen Sie sich Ihre Kräfte und Stärken bewusst. Je mehr Sie sich diese Ressourcen und inneren Kraftquellen vor Ihr geistiges Auge holen, desto positiver richten Sie sich auf die vor Ihnen liegende Aufgabe aus. Der Grad Ihrer gefühlten Fähigkeiten entspricht nun sicherlich viel mehr dem Grad der Herausforderung, die diese Aufgabe mit sich bringt (vgl. dazu „Flow", Kapitel 1). Das Gefühl der Überforderung lässt nach und macht den Weg frei für eine kraftvolle Herangehensweise an die Herausforderung.

Die sachliche Analyse

→ Betrachten Sie die Fakten zu Ihren Stress auslösenden Gedanken: Was ist wirklich passiert?
→ Welche Handlungsalternativen haben Sie? Welche Alternative hat welche Vor- und Nachteile?

Wenn es Ihnen schwerfällt, sachlich auf das Problem zu schauen, bitten Sie jemanden um Hilfe, Ihre Situation sachlich zu analysieren. Anderen, die nicht emotional von der Situation berührt sind, wird es viel leichter fallen, sich auf die Fakten zu konzentrieren.

Die Beppo-Straßenkehrer-Regel

Haben Sie als Kind „Momo" von Michael Ende gelesen? Momo's beste Freunde sind der Straßenkehrer Beppo und der Fremdenführer Gigi. Eines Tages erklärt Beppo der kleinen Momo wie man es schafft, seine Arbeit gut zu machen, selbst wenn man glaubt, dass der Berg so groß ist, dass man ihn niemals bewältigen wird. Er erzählt Momo dazu von seinen Erfahrungen beim Straßenkehren:

„Siehst du, Momo, ... es ist so: Manchmal hat man eine sehr lange Straße vor sich. Man denkt, die ist so schrecklich lang, das kann man niemals schaffen ... Und dann fängt man an, sich zu eilen. Und man eilt sich immer mehr. Jedes Mal, wenn man aufblickt, sieht man, dass es gar nicht weniger wird, was noch vor einem liegt. Und man strengt sich noch mehr an, man kriegt es mit der Angst, und zum Schluss ist man ganz außer Puste und kann nicht mehr. Und die Straße liegt immer noch vor einem. So darf man es nicht machen... Man darf nie an die ganze Straße auf einmal denken, verstehst Du? Man muss nur an den nächsten Schritt denken, an den nächsten Atemzug, an den nächsten Besenstrich. Und immer wieder nur an den nächsten ... dann macht es Freude. Das ist wichtig, dann macht man seine Sache gut. Und so soll es sein...Auf einmal merkt man, dass man

Schritt für Schritt die ganze Straße gemacht hat. Man hat gar nicht gemerkt wie, und man ist nicht außer Puste ... Das ist wichtig."
(Ende, Michael: Momo, Stuttgart 1973, S. 36–37)

Auch wenn Sie vielleicht kein Straßenkehrer sind wie Beppo, so haben Sie sicher oft große Berge Arbeit vor sich. Meist schauen wir dann auf den gesamten Berg und nicht auf die nächste vor uns liegende Aufgabe. Dadurch machen wir uns großen Druck und verlieren Kraft, die wir viel sinnvoller für die direkt vor uns liegende Aufgabe verwenden könnten. Bergsteiger kennen diese Regel gut, denn auch einen hohen Berg wird man nur dann schaffen, wenn man immer nur bis zur nächsten Biegung blickt und sich nicht die ganze Zeit den fernen Gipfel vor Augen ruft. Dann dreht man sich irgendwann um, schaut hinunter und ist stolz und verblüfft darüber, wie hoch man schon gestiegen ist.

5.2.2 Stressförderer vermeiden

In der Stressforschung wurden folgende Faktoren als so genannte Stressförderer erkannt:
→ Fremdbestimmung
→ Perspektivlosigkeit
→ Mangelnde Wertschätzung
→ Soziale Isolation

Diese Faktoren entscheiden u.a. darüber, ob Sie eine anspruchsvolle Herausforderung als Eustress oder Distress (vgl. Kapitel 1) erleben und wie intensiv und anhaltend die Stressreaktion verläuft. Auch hier sind es meist unsere Gedanken, die zu der stressförderlichen Bewertung einer Situation führen. Die Stressförderer vermeiden heißt, sich dieser Gedanken bewusst zu werden, sie auf ihren Realitätsgehalt zu überprüfen und darauf aufbauend eine gedankliche Gegenstrategie zu den Stressförderern zu entwickeln.

Fremdbestimmung

→ Die folgenreichsten Stressoren sind oft die, auf die wir – tatsächlich oder auch nur vermeintlich – keinen Einfluss haben. Meist haben wir auch in Situationen, in denen wir uns ausgeliefert fühlen, immer noch Möglichkeiten, selbst zu bestimmen, wie es weitergeht. Es ist wichtig, sich bewusst zu machen, dass wir uns selbstständig entschieden haben, genau diesen Weg zu gehen, und dass wir ihn auch jederzeit wieder verlassen können. Alles Handeln hat Konsequenzen und wir müssen bereit sein, diese entweder zu tragen oder eine neue Entscheidung zu treffen. Machen Sie sich also gerade in Situationen, in denen Sie sich völlig fremdbestimmt fühlen, Ihren Einfluss und Ihre Handlungsmöglichkeiten bewusst. Dann können Sie sich neu entscheiden, ob Sie den eingeschlagenen Weg so weitergehen wollen oder nicht. Sie entscheiden, sonst niemand – das ist Ihre Selbstbestimmung!

→ Zur Fremdbestimmung gehört auch die ständige Erreichbarkeit, die uns die neuen Medien bescheren. Diese ist einer der in Umfragen am häufigsten genannten Stressoren. Rund um die Uhr, am besten an 365 Tagen, immer und überall sind Sie für die Firma oder Ihre Kunden erreichbar. Das bedeutet ein ständiges Herausgerissen-Werden aus Ihren Erholungsphasen, was dazu führt, dass Sie nie ganz abschalten, immer in Habachtstellung sind. Daraus kann sich leicht chronischer Stress entwickeln. Erobern Sie auch hier Ihre Selbstbestimmung, nämlich die Freiheit Ihrer Nichterreichbarkeit, zurück. Beginnen Sie damit, in den Ferien oder am Wochenende Ihren Anrufbeantworter nur zu den Zeiten abzuhören, die Sie im Vorhinein dazu festgelegt haben (bspw. einmal am Tag abends), dann vergrößern Sie die Abstände – so lange, bis Sie wieder ein freies Wochenende oder ungestörte Urlaubstage genießen können. Sicherlich mag es Berufe geben, in denen eine hohe Erreichbarkeit wichtig ist. Doch hinterfragen Sie diese im Hinblick auf deren tatsächliche Notwendigkeit. Ist es wirklich wichtig, abends um 22 Uhr noch erreichbar zu sein? Kann am Wochenende wirklich so etwas Schlimmes passieren, dass Sie immerzu parat stehen müssen? Oder haben Sie sich selbst schon so daran gewöhnt, immer einsatzbereit zu sein, dass Sie sich „unwichtig" fühlen, wenn Sie nicht ständig Kontakt zu Ihrer Arbeit haben? In diesem Falle hat sich Ihr Gehirn schon voll auf die Benutzung des Handys und Ihre permanente Erreichbarkeit eingestellt. Vielleicht geht es Ihnen dann so wie vielen meiner Klienten, die regelrecht unruhig werden, wenn das Handy oder Smartphone eine Zeit lang nicht klingelt und sie in diesen Zeiten beruflich nicht gebraucht werden.

MACHEN SIE SICH DIE WAHREN URSACHEN IHRER STÄNDIGEN ERREICHBARKEIT BEWUSST UND SCHRÄNKEN SIE DIESE WEITESTGEHEND EIN. SO SCHAFFEN SIE SICH WIEDER SELBSTBESTIMMTE FREIRÄUME ZU IHRER ERHOLUNG.

Perspektivlosigkeit

→ Das Gefühl, dass die Stressbelastung immer so weitergeht, dass Sie wie im Hamsterrad gefangen sind, ist einerseits ein Gefühl von Fremdbestimmung (siehe oben) und andererseits oft auch ein Gefühl der Perspektivlosigkeit. Zu Beginn dieses Buchabschnitts haben Sie bereits einige Übungen zum Perspektivenwechsel gelesen und vielleicht auch schon ausprobiert. Machen Sie sich Ihre Perspektiven bewusst. Muss es tatsächlich immer so weitergehen oder können Sie etwas ändern? Ist die Vertretungssituation im Büro bspw. in zwei Wochen vorbei und die Arbeit wird dann wieder weniger, können Sie diese zwei Wochen wahrscheinlich gut aushalten und werden sich dadurch nicht überlastet fühlen. Scheint die hohe Arbeitsbelastung aber dauerhaft zu sein, sollten Sie sich Ihre Alternativen bewusst machen. Auch hier gilt die Devise, Sie müssen nichts ändern – oft hilft es schon zu wissen, dass Sie es könnten. Und dann schauen Sie mithilfe einer oder mehrerer der oben aufgeführten Möglichkeiten aus einer anderen Perspektive auf Ihr Problem.

ÜBERPRÜFEN SIE, OB SICH IN DER EINSCHÄTZUNG DER SITUATION DADURCH FÜR SIE ETWAS ZUM POSITIVEN ÄNDERT, SIE NEUE UND GUTE PERSPEKTIVEN SEHEN. WENN NICHT, GREIFEN SIE AUF IHRE SELBSTBESTIMMUNG ZURÜCK UND ÜBERPRÜFEN SIE, WAS SIE ÄNDERN KÖNNEN UND WOLLEN.

Mangelnde Wertschätzung

→ Wertschätzung, vor allem das positive Feedback bzw. das Lob von anderen für Ihre Arbeit, ist eine wertvolle Unterstützung, um belastende Situationen positiv zu überstehen oder sie sogar als spannende Herausforderung (Eustress) zu erleben. Mangelnde Wertschätzung fördert Ihr Stresserleben. Nicht in allen Fällen jedoch, in denen sich Menschen zu wenig wertgeschätzt fühlen, liegt tatsächlich mangelnde Wertschätzung vor. Manchmal hören wir auch negative Kritik viel genauer und erleben sie intensiver als Lob und positives Feedback.

BEOBACHTEN SIE SICH UND IHR UMFELD. FINDET WERTSCHÄTZUNG TATSÄCHLICH NICHT IM AUSREICHENDEN MASSE STATT? WENN DAS SO IST, DANN SOLLTEN SIE DIESE EINFORDERN (SELBSTBESTIMMUNG!) UND SICH IN DEM FALL, DASS SICH NICHTS ÄNDERT, DIE FRAGE NACH IHREN ALTERNATIVEN STELLEN (PERSPEKTIVEN!).

Soziale Isolation

→ Oft fühlen sich Menschen in stressigen Zeiten so müde und erschöpft, dass sie abends nur noch die Kraft haben, sich auf das Sofa zu legen und sich durch den Fernseher berieseln zu lassen oder direkt ins Bett zu fallen. Wenn Sie das ab und zu tun, ist dagegen nichts einzuwenden. Werden solche Abende aber zur Dauereinrichtung, kann das dazu führen, dass Sie sich völlig von Ihrem sozialen Umfeld abkapseln. Dabei sind Liebe, Partnerschaften und Freundschaften, Menschen, die uns auch in Krisensituationen nahestehen, ein wichtiger Faktor für unsere psychische und mentale Balance. Gerade in belastenden Zeiten ist es notwendig, schöne Dinge zu erleben, sich mit Freunden oder Familie über Themen zu unterhalten, die nichts mit dem Beruf zu tun haben, um so Ihr Gehirn mit stärkenden Gedanken und Gefühlen zu „versorgen". Mit Ihren Freunden oder Ihrem Partner können Sie lachen oder weinen, über die Welt philosophieren oder einfach nur über mehr oder weniger Sinnvolles quatschen. All das bringt Ihnen Abstand zu dem, was Sie tagsüber beschäftigt und belastet. Sicher kennen Sie das Gefühl, sich nach einem anstrengenden Arbeitstag, an dem Sie erschöpft nach Hause kommen, dennoch aufzuraffen und sich mit einem nahestehenden Menschen zu treffen. Sicherlich sind Sie am späten Abend zwar müde, aber gut gelaunt und glücklich ins Bett gegangen. Mit dieser Kraftquelle lassen sich am nächsten Tag die anstehenden Aufgaben mit neuer Energie viel leichter bewältigen.

PLANEN SIE ALSO AUCH GERADE IN STRESSIGEN ZEITEN ABEND- UND WO-
CHENENDAKTIVITÄTEN MIT IHREN FREUNDEN UND IHRER FAMILIE EIN.

5.3 Entschleunigung im Arbeitsalltag

Dass wir in Stresssituationen die Geschwindigkeit unseres Denkens und Handelns steigern, ist verständlich und oft sogar nützlich. Übertragen wir diese Geschwindigkeit aber auf ganz normale Alltagssituationen, in denen es offensichtlich keinen Grund für diese Schnelligkeit gibt, und drehen uns auch in diesen wie ein eifriger Hamster in unserem Rad, dann schaden wir auf Dauer unserer körperlichen und mentalen Gesundheit. Wir verfallen dann in eine unnötige Dauerhektik, wir gehen schnell, essen schnell, sprechen schnell und denken schnell – und schnell wird dies zu unserem Normal-Zustand. Wir befinden uns sozusagen im „high speed"-Modus. Beobachten Sie sich selbst! Ist die Geschwindigkeit Ihres Handelns, Ihres Hin-und-her-Rennens der Situation wirklich angemessen? Oder kann es sein, dass Sie sich nur daran gewöhnt haben, so „hochtourig zu fahren", dass Sie zwar sehr schnell sind, aber links und rechts nichts mehr sehen und Ihre eigenen Stress-Frühwarnsignale nicht mehr wahrnehmen können? Die Schönheit und Freude im Leben steckt meist in den kleinen Momenten, im kurzen Gespräch mit einem Kollegen, der Ihnen etwas anvertraut, im Lächeln aus dem Nachbarbüro oder im netten Smalltalk mit einem Kunden, bevor Sie zum Geschäft kommen.

Entschleunigung, also langsamer sein, hat viel mit Achtsamkeit zu tun. Dazu haben Sie im Kapitel 4 schon einiges gelernt und bestenfalls auch schon geübt. Achtsamkeit im Alltag bedeutet zunächst einmal, sich des Tempos, mit dem wir unterwegs sind, bewusst zu werden. Besonders in Zeiten, in denen es sehr schnell gehen soll und Sie einen hohen Termindruck haben, ist Achtsamkeit im Sinne von Entschleunigung von hoher Wichtigkeit. Denn genau hier passieren uns Fehler, stolpern wir über etwas, verlieren etwas, da wir unkonzentriert – nicht achtsam – sind. Achtsamkeit bedeutet in diesem Fall, sich der Schnelligkeit, in der wir denken und handeln, bewusst zu werden und sich dann zu entscheiden, das Tempo entweder beizubehalten oder es zu reduzieren. Oft hilft es schon, stehen zu bleiben und ein paarmal tief durchzuatmen oder einige Schritte bewusst langsam zu gehen. Schon kann sich Ihr System beruhigen und Sie werden konzentrierter bei der Aufgabe sein, die es zu bewältigen gilt. Und gerade in hektischen Zeiten, in denen viel von Ihnen verlangt wird, braucht es diese Konzentration.

5.3.1 Multitasking versus Monotasking

EIN IRRGLAUBE UNSERER ZEIT IST ES, DASS WIR ZEIT GEWINNEN, WENN WIR
VERSUCHEN, VIELE DINGE GLEICHZEITIG ZU TUN.

Wir schreiben eine E-Mail und telefonieren gleichzeitig; fahren Auto, haben das Handy am Ohr und suchen parallel dazu nach dem richtigen Weg; wir essen, lesen Zeitung und hören nebenbei noch Nachrichten im Radio etc. Viele Menschen sind so sehr daran gewöhnt, mehrere Dinge gleichzeitig zu tun, dass sie nicht mehr in der Lage sind, sich längere Zeit auf nur eine Sache zu konzentrieren. Wir trainieren uns also sozusagen eine Aufmerksamkeitsstörung an. Hirnforscher genauso wie Psychologen sind sich einig, weder Frauen noch Männer sind für das Multitasking gemacht. Unser Gehirn kann sich immer nur auf eine Sache konzentrieren, unser Bewusstsein hat sozusagen zu einem Zeitpunkt immer nur einen Inhalt.

Für das, was wir Multitasking nennen, kann es also nur zwei Anwendungsmöglichkeiten geben:

Im ersten Fall führen wir eine Tätigkeit automatisch aus (bspw. das Autofahren – solange nichts Ungewöhnliches passiert, was unsere Aufmerksamkeit beansprucht) und eine andere mit bewusster Konzentration. Doch kennen Sie sicher den Moment, in dem Sie beim Autofahren plötzlich zur Konzentration gezwungen sind, weil bspw. jemand vor Ihnen bremst oder Sie den Weg nicht kennen. Dann müssen Sie das Gespräch, das Sie vielleicht gerade geführt haben, jäh unterbrechen. Der Grund dafür ist, dass wir für alles, was wir nicht automatisch tun können, unsere Aufmerksamkeit brauchen und diese sich nun einmal nur auf eine Sache richten kann.

Im zweiten Fall glauben Sie vielleicht die Dinge parallel zu tun, was aber wirklich passiert, wenn unser Gehirn zeitgleich verschiedene Informationen verarbeiten soll, ist, dass wir bewusst oder unbewusst zwischen den Reizen hin- und herwechseln. Wir können dann zwar mehrere Sachinhalte parallel wahrnehmen; sobald wir jedoch reagieren, d.h. eine Entscheidung für unsere nächste Handlung treffen müssen, scheitert jeder Versuch der Gleichzeitigkeit. Sie können sich das ähnlich wie bei Ihrem Bildschirm vorstellen. Sie können zwar mehrere Felder gleichzeitig öffnen, aber lesen können Sie immer nur eines!

Der Preis für Ihre Multitasking-Versuche ist hoch. Die so genannten „restart costs" beschreiben die Kosten für die Zeit, die Sie zusätzlich brauchen, wenn Sie mehrere Aufgaben gleichzeitig bewältigen wollen. Ihre Aufmerksamkeit muss dann zwischen den unterschiedlichen Aufgaben hin- und herspringen und Ihr Gehirn sich immer wieder neu auf die jeweils andere Aufgabe einstellen. Schätzungen gehen davon aus, dass die Multitasking-Versuche zu Leistungseinbußen von 20–30 % führen. Sie brauchen dann also länger – und nicht, wie Sie vielleicht gedacht haben, kürzer – als wenn Sie die Aufgaben nacheinander abarbeiten. Genauso, wie ein Computer langsamer wird, wenn zu viele Fenster und Funktionen gleichzeitig geöffnet sind – der Arbeitsspeicher ist überlastet. Dies kann zu Zeitdruck und damit zusätzlichem Stress führen. „Ent-Stressen" bedeutet in diesem Fall, möglichst nur eine Sache konzentriert auszuführen und dann erst die nächste anzugehen.

Unterbrechen Sie sich selbst so wenig wie möglich und versuchen Sie Unterbrechungen von aussen zu reduzieren.

→ Tipps:

→ Viele Aufgaben sind so komplex, dass sie Ihre ungeteilte Aufmerksamkeit erfordern. Sorgen Sie für ein ungestörtes Arbeitsumfeld,
um diese konzentriert bearbeiten zu können. Wenn Sie im Team arbeiten, können Sie einen Kollegen oder eine Kollegin bitten, für diese Zeit Ihr Telefon zu übernehmen. Sonst schalten Sie den Anrufbeantworter ein. Wenn notwendig können Sie eine kurze E-Mail-Notiz
einrichten, in der Sie mitteilen, dass Sie erst zu einem bestimmten
Zeitpunkt Ihre E-Mails wieder abfragen. Bieten Sie Ihren Kollegen
dieselbe Unterstützung an, sodass jeder mehr Möglichkeiten hat,
sich zu einer bestimmten Zeit auf eine bestimmte Aufgabe zu konzentrieren. Im Gegenzug dafür ist die Verbindlichkeit Ihren Kollegen oder Kunden gegenüber wichtig. Wenn Sie sagen, dass Sie zu
einem festgesetzten Zeitpunkt wieder zur Verfügung stehen, dann
tun Sie das auch.

→ E-Mails haben in unserem Büroalltag einen großen Ablenkungsef-
fekt. Stellen Sie das „ping" bzw. das Aufblinkfeld ab, das Ihnen an-
zeigt, dass Sie eine E-Mail empfangen haben. Diese Störsignale lenken Sie immer wieder aufs Neue von Ihrer gerade zu bearbeitenden
Aufgabe ab. Bestimmen Sie selbst, wann Sie Ihre E-Mails lesen. Fast
nichts ist so wichtig, dass Sie es sofort lesen müssen – zwei- bis dreimal am Tag reicht in der Regel aus. Richten Sie sich hierfür feste Zeiten ein und bearbeiten Sie die E-Mails dann im Block. Auch hier ist
es sehr wichtig, dass Sie diese Regelungen mit Ihrem Vorgesetzten
abstimmen sowie Kollegen und Kunden über Ihre Vorgehensweise
informieren. Verweisen Sie darauf, dass Sie in wirklich dringenden
Fällen zu den anderen Zeiten telefonisch zur Verfügung stehen.

→ Vermeiden Sie bei E-Mails die CC- oder BC-Funktion (Copy oder
Blind Copy). In unserer E-Mail-Kultur hat sich die Regel eingeschli-
chen, Kopien einer E-Mail an möglichst viele Menschen zu schicken
– unabhängig davon, ob das Thema für diese Person wirklich wichtig ist. Es scheint leichter zu sein, eine Person mehr in den Empfän-
gerkreis aufzunehmen, als das Risiko einzugehen, eventuell jemanden zu vergessen. Dahinter steckt oft der Wunsch, sich abzusichern
und die Verantwortung auf möglichst viele Köpfe zu verteilen. Bitten Sie Ihre Kollegen, Sie aus ihrem E-Mail-Verteiler zu streichen,
wenn die Information nicht Sie direkt betrifft. Und lesen Sie E-Mails,
die Sie auf CC oder BC erhalten, nur wenn Sie genug Zeit dazu haben. Nach und nach wird sich mit diesen Maßnahmen hoffentlich
Ihre E-Mail-Flut verringern und sich auf Themen beschränken, die
Sie auch tatsächlich betreffen.

→ Gönnen Sie sich eine kurze Auszeit, wenn Sie merken, dass Ihr „Arbeitsspeicher" voll ist und Sie sich nicht mehr richtig konzentrieren können. Unterbrechen Sie Ihre Arbeit für einen Moment, gehen Sie ins Nachbarbüro, holen Sie sich etwas zu trinken oder machen Sie eine der unter 5.5 genannten SOS-Techniken. Danach nehmen Sie sich diejenige Aufgabe vor, die gerade am wichtigsten ist.

Sie werden die Multitasking-Anforderungen nicht ganz vermeiden können. Jedoch können Sie einiges dazu beitragen, dass sich die Zeiten in Ihrem Arbeitsalltag, in denen Sie konzentriert arbeiten können, erhöhen.

5.3.2 Machen Sie Routinewege zu Entschleunigungswegen

Nutzen Sie alltägliche Gelegenheiten für eine Entschleunigungsübung, die Ihnen hilft, Ihren „high speed"-Modus herunterzufahren und die Sie gleichzeitig als stärkende Entspannungspause nutzen können. Als Routinewege eignen sich bspw. der Gang zur Toilette, zum Drucker bzw. Kopierer oder zur Kaffeeküche. Oder wenn Sie viel mit dem Auto unterwegs sind, können Sie auch nach einem Kundengespräch den Weg vom Büro des Kunden zu Ihrem Auto dafür nutzen. Für diese Entschleunigungsübung brauchen Sie nichts als sich selbst und Ihre Achtsamkeit. Schalten Sie Ihren „High-Speed"-Modus um 50 % runter, d.h., Sie machen alles nur halb so schnell. Dabei achten Sie zu 100% auf das, was Sie tun. Wenn Sie gehen, gehen Sie (Was fühlen Ihre Füße am Boden?), wenn Sie eine Türklinke herunterdrücken, drücken Sie eine Türklinke herunter (Welche Bewegungen machen dabei Ihre Hände? Wie fühlt sich die Türklinke an?) und wenn Sie nun bspw. in der Kaffeeküche sind, wählen Sie vollkommen konzentriert eine Tasse aus, schütten den Kaffee in die Tasse (Welche Bewegung macht dabei Ihre Hand? Wie riecht der Kaffee?) und dann trinken Sie in Achtsamkeit den ersten Schluck Kaffee (Was schmecken Sie? Wie warm ist der Kaffee? Wie fühlt es sich an, wenn die Flüssigkeit durch Ihre Kehle läuft?). Bei allen anderen Entschleunigungswegen machen Sie das entsprechend. Reden Sie dabei nicht. Denken Sie an nichts anderes als genau an das, was Sie tun!

Definieren Sie sich 1–2 für Ihren Arbeitsalltag typische Routinewege als Entschleunigungswege und gebrauchen Sie diese für Ihre Übung. Für die Übung benötigen Sie vielleicht 2–3 Minuten länger, als wenn Sie den Weg im Schnellverfahren zurückgelegt hätten. Das ist nicht viel! Doch Sie werden merken, wie schnell und gut Sie sich durch eine solche Entschleunigungspause erholen.

5.3.3 NEIN sagen

„Nein" sagen, bedeutet Verantwortungsübernahme! Wie ist das gemeint? Wenn Sie auf eine Anfrage hin „ja" sagen, obwohl Sie schon genau wissen, dass Sie der Bitte nicht im gewünschten Maße nachkommen können oder wollen, dann tun Sie nicht nur sich selbst, sondern auch dem anderen unrecht.

Stellen Sie sich vor, ein Kollege bittet Sie, ihm einen Teil seiner Arbeit abzunehmen, weil er es selbst nicht schafft, und Sie wissen in dem Moment, in dem Sie „ja" sagen, schon, dass Sie seine Arbeit heute auch nicht schaffen werden, weil Ihr eigener Schreibtisch voll ist. So setzen Sie einerseits sich selbst unter Druck (weil Sie es ja doch gerne schaffen würden) und andererseits geben Sie Ihrem Kollegen das Gefühl, dass Sie ihm helfen, um ihn dann später zu enttäuschen, da Sie ihm sagen müssen, dass Sie es nicht geschafft haben. Hätten Sie das gleich gesagt, hätte Ihr Kollege die Chance gehabt, sich anders zu organisieren.

> WENN SIE „JA" SAGEN UND „NEIN" MEINEN, RISKIEREN SIE IHRE ZUVERLÄSSIGKEIT, EHRLICHKEIT UND GLAUBWÜRDIGKEIT.

Sie wollten „eigentlich" das Beste und am Ende stehen Sie ganz anders da. Hintergrund ist oft die Angst davor, abgelehnt zu werden, vom anderen nicht als der hilfsbereite und liebenswerte Mensch angesehen zu werden, für den wir gerne gehalten werden wollen. Menschen mit einem starken „Mach's allen recht"-Antreiber (vgl. Kapitel 4) fällt es oft besonders schwer, „Nein" zu sagen.

Stellen Sie sich beim nächsten Mal, wenn Sie um etwas gebeten werden, folgende Fragen:
→ Habe ich wirklich Zeit?
→ Liegt die Aufgabe in meiner Verantwortung?
→ Gibt es im Moment Wichtigeres zu tun, das ich durch die neue Aufgabe vernachlässigen würde?
→ Was kann schlimmstenfalls passieren, wenn ich „Nein" sage?

Wenn Sie die Aufgabe gerne übernehmen wollen, obwohl Sie im Moment dazu keine Zeit haben, fragen Sie sich, bis wann Sie die Aufgabe erledigen können, und sagen Sie bspw.:
→ Bis heute Abend kann ich die Aufgabe nicht erledigen. Ich könnte sie bis morgen zur Mittagszeit fertig haben.

Oder bitten Sie Ihren Vorgesetzten um Mithilfe in der Priorisierung der Projekte, indem Sie fragen:
Welches meiner laufenden Projekte ist weniger wichtig, sodass ich diese Aufgabe hier vorziehen kann?

> MACHEN SIE IHRE GRENZEN DEUTLICH – NUR SO KÖNNEN DIESE AUCH VON ANDEREN RESPEKTIERT WERDEN. VERTRAUEN SIE NICHT DARAUF, DASS ANDERE IHRE GRENZEN „ERSPÜREN". NIEMAND KENNT IHRE GRENZEN AUSSER IHNEN, ALSO KÖNNEN AUCH NUR SIE DIESE WAHRNEHMEN UND KOMMUNIZIEREN!

5.3.4 Pausen richtig machen

Wie machen Sie Ihre Pausen? Essen Sie Ihr Sandwich vor dem PC? Gehen Sie mit den Kollegen zum „lunch" und wettern dabei über all die Probleme, die es bei der Arbeit gibt? Machen Sie gar keine Pause, weil Sie glauben, das nicht zu brauchen? Oder verbringen Sie Ihre Pause im Sportstudio?

Was charakterisiert eine richtige Pause? Es gibt drei Faktoren, die eindeutig entscheiden, ob eine Pause unter Erholungsgesichtspunkten eine Pause ist oder nicht:
- → Tätigkeitswechsel = etwas anderes tun
- → Inhaltswechsel = etwas anderes denken
- → Raumwechsel = woanders sein

Wenn Sie also in Ihrer Pause vor dem PC sitzend (kein Raumwechsel!) eine private E-Mail schreiben (kein Tätigkeitswechsel!), ist das KEINE erholungsrelevante Pause. Wenn Sie mit Ihren Kollegen in der Pause rausgehen, dann aber über Probleme im Job reden, haben Sie zwar einen Raumwechsel, aber keinen Inhaltswechsel – es ist somit KEINE Pause. Körper und Geist können so nicht in den Erholungsmodus schalten (Parasympathikus, vgl. Kapitel 2).

Natürlich können Sie mittags mit Kollegen oder Kunden geschäftliche Dinge besprechen, dann ist das ein Arbeitsessen und wie der Name schon sagt, Arbeit und keine Pause. Sorgen Sie in diesem Fall dafür, dass Sie sich danach oder davor wenigstens eine kurze „echte" Pause gönnen. Sie können gerade mit Kollegen die Zeit auch einteilen und bspw. vorschlagen, dass Sie zunächst einmal essen und danach beim Kaffee über das Geschäftliche sprechen oder umgekehrt. Wenn möglich, reden Sie mit Ihren Kollegen in der Pause über andere Dinge als das Geschäft, über Privates, die nächste Urlaubsplanung oder das vergangene Wochenende.

Versorgen Sie in der Pause Ihr Gehirn mit angenehmen Gedanken, das bringt inneren Abstand zum Geschäftsstress und Erholung für Körper und Seele. Erklären Sie Ihren Kollegen den Hintergrund dafür, warum Sie nicht weiter in der Pause über Geschäftsangelegenheiten oder sogar Ärgernisse reden wollen. Denken Sie dabei auch an das, was Sie in Kapitel 3 gelernt haben: Bauen Sie in der Pause nicht auch noch Ihre negativen Gedankenautobahnen weiter aus, sondern unterbrechen Sie ganz bewusst Ihre Sorgen-Gedanken.

Ihre Kollegen werden sich vielleicht zunächst über Ihr Anliegen wundern, Ihre Erklärungen aber sicher verstehen und sich schon bald über die auch für sie erholsamer gestaltete Pause freuen.

→ Tipp:

Aus mehreren Studien ist bekannt, dass die ersten zehn Minuten einer Pause am wirksamsten sind. Wenn es möglich ist, dehnen Sie die Mittagspause nicht unnötig aus, sondern machen Sie stattdessen lieber öfter eine Kurz-

pause. Zudem ist es nach einer langen Pause schwieriger, wieder in den Arbeitsrhythmus hineinzufinden. Mehrere kürzere Pausen können Ihren „High-Speed"-Modus öfter unterbrechen und Ihnen helfen, Ihren Tag zu strukturieren.

IHREN ARBEITSALLTAG DURCH RICHTIGE PAUSEN ZU UNTERBRECHEN, IST EINE WICHTIGE VORAUSSETZUNG FÜR IHRE GESUNDHEIT SOWIE FÜR IHRE KONZEN-TRATIONS- UND LEISTUNGSFÄHIGKEIT.

5.3.5 Beendigung des Arbeitstages – den symbolischen Schlussstrich ziehen

Ihren Arbeitsplatz achtsam zu verlassen, hilft Ihnen, mentalen und emotionalen Abstand zu Ihren Arbeitsthemen aufzubauen und somit entspannter Ihren Feierabend zu beginnen. Planen Sie abends vor dem Nach-hause-Gehen 10 Minuten dafür ein. Dazu lassen Sie sich nochmals kurz den heutigen Tag durch den Kopf gehen. Gibt es etwas, an das Sie morgen dringend denken müssen? Haben Sie eine Person telefonisch heute nicht erreichen können, die Sie morgen unbedingt anrufen sollten? Gibt es eine wichtige Information, die Sie für ein anderes Projekt benötigen?

Notieren Sie sich alle Punkte auf ein Blatt, das Sie sich am nächsten Morgen als Erstes ansehen werden. So haben Sie diese Punkte für heute schon einmal „aus Ihrem Kopf". Dann bereiten Sie sich noch kurz auf Ihren morgigen Arbeitstag vor und schreiben die Stichpunkte oder Ideen, die Sie dazu schon in Ihren Gedanken haben, auf dasselbe Blatt. Räumen Sie die Dinge von Ihrem Schreibtisch weg, die abgearbeitet sind und die Sie morgen nicht mehr brauchen. Mit dieser Arbeit räumen Sie nicht nur Ihren Schreibtisch, sondern auch Ihr Gehirn auf und lassen alle wichtigen Gedanken auf Ihrem Notizblatt im Büro. Jetzt können Sie in Ihren Feierabend gehen.

➜ Tipp:

Nach einem stressigen Arbeitstag zu Hause angekommen entspannt es oft, sich die Themen des Tages und die eventuell damit verbundene Belastung von der Haut zu duschen. Generell hilfreich ist es, zumindest die Kleidung zu wechseln – der Kleidungswechsel symbolisiert einen Rollenwechsel und unterstützt somit auch das Loslassen vom Arbeitstag.

5.4   Lachen ist gesund

„Jeder Tag, an dem du nicht gelacht hast, ist ein verlorener Tag."
(Charlie Chaplin)

Lachen ist vermutlich die einfachste und schönste Form der Stressbewältigung. Durch ein herzhaftes Lachen werden die Stresshormone Cortisol und Adrenalin drastisch abgebaut sowie die körpereigenen „Glücklichmacher" Endorphine und Dopamin vermehrt ausgeschüttet. Amerikanische Forscher haben unlängst herausgefunden, dass sogar schon die Erwartung einer heiteren Situation wie bspw. das Ansehen einer Komödie den Spiegel Ihrer Stresshormone senkt. Darüber hinaus senkt das Lachen nachweislich den Blutdruck, stärkt das Immunsystem und kann über die Ausschüttung der Endorphine Schmerzen über mehrere Stunden hinweg reduzieren.

Nun lachen Kinder im Durchschnitt über 400 Mal am Tag. Bei den Erwachsenen schaffen es immerhin noch zwei Drittel der Personen auf 20 Mal pro Tag. Je mehr Stress wir haben, je mehr wir im „High-Speed"-Modus in unserem Hamsterrad strampeln, desto weniger ist uns nach Lachen zumute. Um herzhaft lachen zu können, müssen wir das Spielerische und die Leichtigkeit in unserem oft als so ernst erlebten Leben zurückgewinnen.

➜ Tipp:

Suchen Sie nach den komischen Momenten in Ihrem Leben und lassen Sie Ihnen Raum. Wenn Sie genau hinsehen, wird Ihnen viel Lustiges auffallen, was links und rechts von Ihnen passiert. Und:„Wenn Sie die Welt anlachen, lacht die Welt zurück!". Das verstärkt wiederum Ihr Wohlfühlgefühl.

Also werden Sie sensibel für das Komische in Ihrem Leben und schaffen Sie so mehr mentale und emotionale Distanz zu den Dingen, die Sie belasten.

Vielleicht erinnern Sie sich an das Zitat von Charles Darwin: „Even the simulation of an emotion tends to arouse it in our minds." Wie in Kapitel 2 bereits beschrieben, hat bspw. ein simuliertes Lachen die gleichen Wirkungen auf Ihr Gehirn wie ein echtes Lachen; es gibt ein Stress-Entwarnungssignal an die Amygdala und unterbricht somit die Aktivität Ihres Sympathikus. Es gibt viele Möglichkeiten, Lachen zu simulieren, selbst wenn Ihnen im Moment gar nicht danach zumute ist. Sie werden staunen, wie viel leichter es Ihnen „um's Herz" wird, wenn Sie diese Lachsimulationsübungen ausprobieren.

➜ **Einige Lach-Übungen**

Die beiden Simulationsübungen „Sich selbst angrinsen" und „Stift quer im Mund" haben Sie bereits im Kapitel 2.3 kennen gelernt. Beide Übungen eignen sich zusammen mit einer kraftvollen und positiven Körperhaltung sehr gut, um sich optimal auf ein schwieriges Telefonat oder auch Gespräch einzustellen. Testen Sie den Unter-

schied! Wenn Sie sich mithilfe dieser Übungen auf ein schwieriges Gespräch vorbereiten, werden Sie sicher sofort spüren, dass Sie sich wohler und weniger angespannt fühlen – eine notwendige Voraussetzung, um auch diese Herausforderung zu meistern.

→ *Kieferstreicheln:*

Streicheln Sie mit Daumen und Zeigefinger einer Hand um Ihren Unterkiefer. Vom Kinn an den Seiten hoch bis an die Mundwinkel. Sie stimulieren damit die Gesichtsmuskeln, die für ein Lächeln verantwortlich sind. Auch damit geben Sie einen positiven Reiz an Ihr Gehirn. Diese Übung können Sie auch gut im Zusammensein mit anderen Menschen machen. Beobachten Sie einmal die anderen, es gibt Menschen, die diese Übung völlig unbewusst machen.

→ *Der gedachte Halbmond:*

Diese Übung können Sie am besten im Sitzen oder Liegen ausführen. Schließen Sie die Augen und stellen Sie sich vor Ihrem geistigen Auge am Himmel einen liegenden Halbmond vor. So schauen Sie mit geschlossenen Augen leicht nach oben. Der liegende Halbmond sieht aus wie ein großes Lächeln. Lassen Sie nun Ihre Augen an diesem Lächeln von links nach rechts und wieder zurück entlanggleiten. Machen Sie das ein paarmal und beobachten Sie die Wirkung auf Ihre Stimmung. Jedes Lächeln und jede Lächelform (also auch die des liegenden Halbmondes) hat eine positive Wirkung auf Ihr Gehirn. Diese Übung kann Ihnen auch helfen, Sorgen-Gedanken loszulassen, die Sie am Einschlafen hindern.

5.5 SOS-Techniken

SOS-Techniken sind Übungen, die einerseits nur sehr wenig Zeit kosten und andererseits schnell und direkt auf die Aktivierung des Parasympathikus wirken. Diese Schnell-Entstresser sind eine wichtige Ergänzung zur Ausübung der zeitlich etwas aufwendigeren Ausgleichstechniken wie Sport, Yoga oder umfangreichere Entspannungsübungen. Denn im Alltag gibt es immer wieder Belastungssituation, aus denen Sie nicht einfach „aussteigen" können, um eine Entspannungs- oder Bewegungsübung durchzuführen. Sie müssen sich in diesen Situationen innerhalb weniger Sekunden oder Minuten stabilisieren, um Kraft zu schöpfen und konzentriert weiterarbeiten zu können. Dabei sollen Sie die folgenden wirkungsvollen und alltagstauglichen SOS-Techniken für Büro und zu Hause sowie für unterwegs unterstützen.

SOS-Techniken für Büro und zu Hause

Viele der SOS-Techniken, die Sie gut im Büro oder zu Hause ausführen können, wurden schon in diesem oder in vorangegangenen Kapiteln beschrieben. Für Ihre bessere Übersicht und eine leichtere Zuordnung der Maßnahmen, habe ich Ihnen die schon bekannten SOS-Techniken, Tipps und Tricks in der nachfolgenden Info-Box zusammengestellt und durch einige zusätzliche Übungen ergänzt.

Infobox SOS-Techniken, Tipps und Tricks für Büro und zu Hause	
1. Körper	
Aufrechte, kraftvolle Körperhaltung einnehmen	Kapitel 2.3
Atemübungen: → Bauchatmung → Entschleunigungsatmung → Anti-Stress-Atmung	Kapitel 4.3 Kapitel 5.1.3 Kapitel 5.1.3
Kopf-Nacken-Übung	Kapitel 5.1.2
Schulterübung 1	Kapitel 5.1.2
Schulterübung 2 – Der Stern	Kapitel 5.1.2
Body-Twist	Kapitel 5.1.2
Augenübung	Kapitel 5.1.3
Schulterkreisen: Machen Sie die Übung am besten im Stehen (alternativ auch im Sitzen). Stehen Sie aufrecht, achten Sie darauf, kein Hohlkreuz und keinen Rundrücken zu machen. Kreisen Sie Ihre Schultergelenke und lassen Sie die Bewegung langsam immer größer werden. Mindestens 5-mal vorwärts und 5-mal rückwärts. Die Arme hängen dabei locker am Körper herunter, es bewegen sich nur die Schultern. Die Übung aktiviert gezielt die Schultermuskeln und löst Verspannungen im Schulterbereich auf.	Neu
Liegende Acht: Diese Übung können Sie im Sitzen oder Stehen durchführen. „Malen" Sie mit Ihrer Nasenspitze eine liegende Acht in den Raum, abwechselnd kleinere, größere und wieder kleinere Achten, ca. 20 Wiederholungen. Die Übung lockert den Nacken.	Neu

10-Finger-Akkupressur: Legen Sie Ihre 10 Finger wie zwei Halbkreise über die Augenbrauen. Senken Sie den Kopf dabei leicht nach vorne und geben Sie dadurch vorsichtig etwas Druck mit den Fingerspitzen. Halten Sie das 1–2 Minuten. Ihre Gedanken werden klarer und Sie bekommen emotionalen Abstand zum Problem.	Neu
Gähn-Akkupressur: Gähnen Sie und drücken Sie dabei mit den Fingerspitzen beider Hände leicht auf die Stellen, die sich im Bereich Ihrer Kaumuskulatur angespannt anfühlen. Die Kaumuskulatur finden Sie im Wangenbereich über den hinteren Backenzähnen zwischen Ober- und Unterkiefer. Geben Sie dabei einen entspannten Gähn-Ton von sich und streichen Sie Ihre Verspannungen im Kieferbereich leicht weg. Wiederholen Sie die Übung 2–3 Mal.	Neu
Räkeln, strecken und dehnen Sie sich wie ein Hund oder eine Katze.	Neu
2. Gedanken und Gefühle	
Lachen oder Lachen simulieren	Kapitel 2.3 und 5.4
Übungen aus Achtsamkeitstipps für den Alltag	Kapitel 4.5
Sorgen-Gedanken nachts aufschreiben (nicht im Schlafzimmer!)	Kapitel 5.1.5
Ausreichend Wasser trinken	Kapitel 5.1.4
Gedanken-Stopp-Technik	Kapitel 5.2.1
Perspektivenwechsel	Kapitel 5.2.1
Einen Entschleunigungsweg gehen	Kapitel 5.3.2
NEIN sagen	Kapitel 5.3.3
Machen Sie eine Mini-Pause: Stehen Sie auf und verlassen Sie Ihren Arbeitsplatz für 2–3 Minuten, tun Sie etwas völlig anderes oder lassen Sie Ihren Blick schweifen, am besten zum Fenster hinaus – wenn möglich – in den Himmel oder in die Natur.	Neu

Manche dieser SOS-Techniken, Tipps und Tricks können Sie sogar im Meeting oder Großraumbüro ausführen wie bspw. Bauchatmung, Körperhaltung, gedachtes Lachen, Gedanken-Stopp-Technik, Perspektivenwechsel und den Blick schweifen lassen. Achtsamkeit können Sie bspw. praktizieren, indem Sie achtsam sitzen, etwas aufschreiben oder sich achtsam ein Glas Wasser oder einen Kaffee bzw. Tee einschenken. Achten Sie dabei konzentriert nur genau auf das, was Sie gerade tun. Sollte Ihnen ausgerechnet in diesem Moment jemand eine Frage stellen, die Sie nicht hören, dann fragen Sie in aller Ruhe noch einmal nach. Es wird niemanden wundern, dass Sie kurz „abgelenkt" waren, während Sie sich etwas zu trinken genommen haben. Diese Achtsamkeitsminute bringt Ihnen dafür sofort einen emotionalen Abstand zu dem besprochenen Thema und ermöglicht Ihnen, sachlicher auf das zu schauen, was Sie eben vielleicht noch aufgeregt hat.

Manche anderen SOS-Techniken können Sie schlecht vor „Publikum" ausführen, diese haben aber den Vorteil, dass sie nur wenig Platz benötigen. Daher können Sie diese auch ausführen, indem Sie bspw. kurz auf die Toilette gehen. Das kann Ihnen keiner verwehren und schon den Weg dahin können Sie achtsam gehen. Auf der Toilette können Sie zudem gut den Spiegel nutzen, um sich kraftvoll davor zu stellen und sich anzugrinsen – sofort senden Sie Entspannungssignale in Ihr Gehirn und unterbrechen die Aktivität des Sympathikus, also Ihre Anspannung.

SUCHEN SIE SICH EINIGE ÜBUNGEN AUS DIESEM ANGEBOT HERAUS, DIE IHNEN GUT GEFALLEN, UND NUTZEN SIE DIESE ALS SCHNELL-ENTSPANNER, WANN IMMER NÖTIG UND MÖGLICH.

SOS-Techniken für unterwegs

Wenn man beruflich viel unterwegs ist, scheint es zunächst einmal schwer zu sein, Entspannungstechniken und -phasen in den Alltag zu integrieren. Alle, die viel im Auto, Flugzeug oder in der Bahn sitzen und darum manche der oben angegebenen Tipps nicht befolgen können, finden nachstehend einige Anregungen, um auch in ihrem Berufsleben für Ausgleich zu sorgen.

Tipps und Übungen für Unterwegs:

→ Achten Sie besonders bei längeren Fahrtzeiten auf ausreichende Flüssigkeitszufuhr. Legen Sie sich eine große Wasserflasche auf Ihren Beifahrersitz, am besten mit einem Sportler-Verschluss, den Sie mit den Zähnen aufziehen und zuschieben können – das ist sicherer als ein Drehverschluss, für den Sie beide Hände benötigen.

→ Essen Sie eher leichte Kost und nehmen Sie sich besonders bei längeren Autofahrten gesunde Energiebringer wie Obst, Rohkost oder Vollkorngebäck mit für den kleinen Hunger zwischendurch.

→ Wenn Sie zwischendurch etwas Zeit haben oder einige Minuten vor Besprechungsbeginn beim Kunden oder Geschäftspartner ankommen, warten Sie nicht in einem Café oder im Auto, sondern halten Sie an einem Feldweg oder Park an und nutzen Sie die Zwischenzeit für einen kurzen Spaziergang an der frischen Luft. Atmen Sie dabei tief ein und aus. Schon 10 Minuten sind sehr effektiv.

→ Wenn Sie lange Strecken Auto fahren müssen, dann halten Sie ab und zu auf einem Parkplatz oder an einer Raststätte an. Räkeln, strecken und schütteln Sie sich – wie eine Katze oder ein Hund. Sie können Ihren Rücken auch mit der „Stehenden Vorwärtsbeuge" ausdehnen und ihn so entspannen. Dazu stehen Sie aufrecht, die Füße parallel zueinander und schulterbreit auseinander. Strecken Sie zunächst Ihre Arme nach oben aus und machen Sie sich ganz lang. Dann klappen Sie an der Hüfte wie ein Taschenmesser langsam nach unten um, dabei achten Sie bitte unbedingt darauf, dass Sie mit geradem Rücken nach unten gehen. Lassen Sie Ihren Rücken nach unten aushängen. Dabei kommen Ihre Hände entweder bis zum Boden oder bis zu den Knöcheln oder den Knien. Sie können auch mit den Händen um den Ellenbogen des jeweils anderen Armes fassen und sich so nach unten hängen lassen. Atmen Sie tief in den Bauch und spüren Sie in die Stellung hinein. Kommen Sie nun mit rundem Rücken Wirbel für Wirbel ganz langsam wieder nach oben, zuletzt wölbt sich der Kopf wieder in die aufrechte Haltung. Egal ob Sie sich nur kurz räkeln und strecken oder ob Sie die „Stehende Vorwärtsbeuge" durchführen – Sie werden die frische Energie, die Sie dabei auftanken, genießen und Ihr Rücken wird es Ihnen danken.

→ Hören Sie im Auto Ihre Lieblings-gute-Laune-Musik und schalten Sie ab und zu für mindestens 30 Minuten Ihr Handy aus. Konzentrieren Sie sich dann nur aufs Autofahren und genießen Sie die Musik. Sie können sich auch vorstellen, Sie sind gar nicht auf Geschäftsfahrt, sondern auf einer kleinen Urlaubsreise. Schon nehmen Sie die Welt um sich herum anders wahr und kommen entspannter bei Ihrem Geschäftspartner an.

→ Wenn Sie sich über die Fahrweise eines anderen Autofahrers ärgern, dann schimpfen Sie nicht, sondern lachen Sie über ihn oder sie. Stellen Sie sich eine lustige Anekdote als Begründung für das merkwürdige Fahrverhalten dieser Person vor.

→ Wenn Sie im Stau stehen, eignen sich folgende Übungen, um zu vermeiden, sich über den Stau zu ärgern und die Zeit entspannungswirksam zu nutzen:
- Bauch-, Entschleunigungs- und Anti-Stress-Atmung
- Schulterübung 1
- Schulterkreisen
- Liegende Acht
- Simuliertes Lachen (wenn Sie grinsen, schauen Sie sich dabei im Rückspiegel an, das bringt Sie zum echten Lachen)
- Gähn-Akkupressur
- Gedanken-Stopp-Technik
- Den Blick schweifen lassen

(Siehe zu allen Übungen die Kapitelangaben in der obigen Info-Box)

→ Üben Sie im Stau zudem auf alle Fälle den Perspektivenwechsel, indem Sie sich Gründe überlegen, egal ob ernst gemeinte oder lustige, warum es gerade gut ist, im Stau zu stehen und nicht pünktlich an Ihrem Zielort anzukommen!

→ Wenn Sie mit dem Zug oder im Flugzeug unterwegs sind, können Sie neben den Übungen, die sich für den Stau eignen, alle Übungen machen, die sich auf Gedankenebene bewegen. Dazu zählen auch die Achtsamkeitsübungen auf Gedankenebene (vgl. Kapitel 4.4) sowie einige der Achtsamkeitstipps für den Alltag (vgl. Kapitel 4.5). Darüber hinaus können Sie die Zeit gut nutzen, um sich ein für Sie wichtiges Ziel zu visualisieren. Dazu malen Sie sich in schillernden Farben aus, wie es sein wird, wenn Sie Ihr Ziel erreicht haben. Genießen Sie diese Vorstellung in vollen Zügen. Alternativ oder zusätzlich können Sie sich vorstellen, Sie seien an Ihrem Lieblingsort (ein Urlaubsort, auf dem Golfplatz oder im Reitstall – wo immer dieser Lieblingsort ist). Malen Sie sich auch hier in vollen Zügen diesen wunderbaren Ort aus. Vielleicht riechen Sie die typischen Gerüche, hören die typischen Geräusche und Stimmen – genießen Sie diese Vorstellung, solange Sie wollen. Da unser Gehirn nicht zwischen Ihrer Vorstellung und der Realität unterscheiden kann, schenken Sie sich somit einen wunderschönen Kurzurlaub an Ihrem Lieblingsort. Natürlich können Sie im Zug oder Flugzeug auch arbeiten. Halten Sie auch hier die Balance zwischen Anspannung und Entspannung und überlegen Sie sich gut, ob es sich lohnt, wegen einer halben Stunde Höhenflug das Laptop auszupacken und zu arbeiten, oder ob Sie diese Zeit nicht lieber zu Ihrer Erholung nutzen, um die Belastungen des Reisens zu kompensieren.

→ Falls Sie im Hotel übernachten, packen Sie Schwimmsachen oder Joggingschuhe ein und nutzen Sie (wenn vorhanden) das hoteleigene Schwimmbad oder laufen Sie einfach los. Sollten Sie beides nicht dabei haben oder Ihnen diese Aktivitäten nicht liegen, gehen Sie zügig spazieren. Bewegung ist wichtig als Ausgleich zum langen Sitzen beim Reisen und bringt Ihnen viel mehr Erholung, als den Abend ausschließlich vor dem Fernseher oder an der Bar zu verbringen.

AUCH BEI DEN SOS-TECHNIKEN, TIPPS UND TRICKS GILT DASSELBE WIE BEI DEN ANREGUNGEN FÜR IHREN BÜROARBEITSALLTAG. SUCHEN SIE SICH EIN PAAR ÜBUNGEN HERAUS, DIE IHNEN SPASS MACHEN, UND INTEGRIEREN SIE DIESE ALS NORMALEN BESTANDTEIL IN IHRE REISEN.

5.6 Und was von alldem soll ich nun tun?

In diesem Kapitel haben Sie viele Übungen und Ideen zum Ausgleich Ihrer Anspannungsphasen erhalten. Und die Vorstellung, dass Sie das alles jetzt irgendwie in Ihr Leben integrieren müssen, könnte Stress auslösen. Keine Sorge, das ist nicht Sinn und Zweck dieses Kapitels! So individuell Sie als Leser sind, so vielfältig ist auch das Angebot dieser Übungen und Ideen.

Suchen Sie sich für Ihren persönlichen StressRadar® eine Handvoll Maßnahmen zur Entspannung, Bewegung, richtigen Ernährung und zum positivem Denken und Handeln heraus. Achten Sie dabei darauf, dass Ihre Zusammenstellung sowohl zeitintensivere Übungen als auch schnell umsetzbare und wirksame Techniken, Tipps und Tricks beinhaltet. Entscheiden Sie sich für Maßnahmen, die Ihnen Spaß machen, auf deren Wirkung Sie neugierig sind. Und denken Sie daran, die gewünschte Veränderung mit einer positiven Emotion zu verknüpfen – so verführen Sie Ihren Elefanten (vgl. Kapitel 3.4). Erzählen Sie Ihrer Familie, Ihren Freunden und Kollegen von Ihrem Vorhaben. Das bringt noch mehr Verbindlichkeit in Ihre Pläne. Und vielleicht animieren Sie dabei den einen oder anderen sogar zum Mitmachen. Lassen Sie so in Ihrem Gehirn langsam neue Gedankenautobahnen und Verhaltensmuster entstehen und freuen Sie sich auf das erste positive Feedback von Ihrem Körper oder Ihrer Umwelt.

„Es gibt keine schwierige Aufgabe, die sich nicht in
kleine einfache Schritte unterteilen lässt."
(Buddhistische Weisheit)

Nachfolgend finden Sie eine Übersicht als Anregung für die Gestaltung Ihrer Ausgleichsaktivitäten. Neben diesen Anregungen sollte natürlich auch das, was wir unter „Freizeit" verstehen, entspannenden Ausgleich in Ihr Leben bringen. Neben dem Teil Ihrer Freizeit, den Sie bspw. für Sport oder Entspannungsübungen aufbringen, zählen zu Ihren Erholungsphasen natürlich auch kulturelle Veranstaltungen oder einfach ein entspannter Abend mit Freunden. Aber genauso, wie eine Pause unter Erholungsgesichtspunkten nicht unbedingt eine richtige „Pause" sein muss, fällt auch nicht jede Freizeitaktivität unter „Entspannung". Wenn Sie bspw. Ihr Wochenende genauso strukturiert durchplanen, wie Sie das in Ihrem Arbeitsalltag tun, und von Verabredung zu Verabredung hetzen, wundern Sie sich vielleicht, warum Sie sich nach einem solchen Wochenende nicht wirklich erholt fühlen.

Überprüfen Sie, wie viel Ihrer freien Zeit Sie sich für Erholung und Entspannung zugestehen, und beginnen Sie – falls Sie zu Freizeitstress neigen – auch Ihre Freizeit zu entschleunigen. Viele der in den Kapiteln 4 und 5 beschriebenen Maßnahmen können Sie dabei unterstützen.

Empfehlungen zur Gestaltung Ihrer Ausgleichsaktivitäten:

6   Resistenz stärken

Wenn Sie sich die für Sie geeigneten Maßnahmen, Tipps und Tricks aus den vorangegangenen Kapiteln herausgesucht haben und in Ihr Leben integrieren, werden Sie durch Wiederholung dieser Maßnahmen nach und nach Ihre Denk- und Handlungsmuster verändern. Die Kunst dabei ist es, nicht in alte Gewohnheiten zurückzuverfallen. Denn es kann passieren, dass Sie nach den ersten Erfolgen auf Ihrem Weg zu mehr Gelassenheit und innerer Stärke Ihre Aufmerksamkeit wieder auf andere Dinge richten und sich von Ihren tiefer liegenden stressfördernden Einstellungen nach einiger Zeit zurück in die „alte" Richtung ziehen lassen.

Daher ist es für ein umfassendes Stressmanagement wichtig, hier noch einen Schritt weiter zu gehen. So setzen Sie sich ganz bewusst mit den Teilen Ihrer Persönlichkeit auseinander, die Sie einerseits gegen Stress stärken, aber auch solchen, die Sie empfindlicher auf Stress reagieren oder Sie sogar ganz aktiv in „Stressfallen" tappen lassen.

Finden Sie in diesem Kapitel heraus, …
→ wie Sie Ihre Stress auslösenden Antreiber ausbalancieren können (Kapitel 6.1),
→ was Resilienz ist und wie Sie in sich selbst Ressourcen finden, die Ihre Stressresistenz stärken können (Kapitel 6.2),
→ welche herausragende Wirkung Meditation als „Training des Geistes" auf Ihre Stressresistenz hat (Kapitel 6.3),
→ wie Sie sich selbst dabei unterstützen können, neue und stärkende Gewohnheiten nachhaltig zu entwickeln (Kapitel 6.4).

6.1   Antreiber und Erlauber – sich selbst die Erlaubnis geben

Unsere Wahrnehmung und damit das Bild unserer Wirklichkeit sind geprägt durch Wahrnehmungsfilter, die dafür sorgen, dass bestimmte Informationen in unser Bewusstsein durchdringen und andere nicht. Wie schon in Kapitel 4 beschrieben, zählen unsere inneren Antreiber in Form von wichtigen Glaubenssätzen zu diesen Filtern.

So beeinflussen diese elterlichen Regeln aus der Kindheit noch heute wirkungsvoll unsere Wahrnehmung als Erwachsene. Sie bilden eine Richtschnur dafür, wie wir es „gut und richtig machen". Wenn Sie den Antreiber-Test in Kapitel 4 durchgeführt haben, wissen Sie jetzt schon mehr über die Intensität Ihrer Antreiber, haben zusätzliche Erkenntnisse über Ihre Persönlichkeit gewonnen und konnten mögliche Stressfallen identifizieren. Mit diesen Erkenntnissen werden wir im Folgenden weiterarbeiten.

→ Aufgabe:

Machen Sie sich zunächst noch einmal die Ergebnisse Ihrer Antreiber-Auswertung aus Kapitel 4 bewusst. Notieren Sie sich die beiden Antreiber mit der höchsten Intensität in nachfolgender Tabelle. Nehmen Sie sich nun etwas Zeit und denken Sie über die betreffenden Antreiber nach. Welche konkreten Glaubenssätze (Regeln, Normen, „Das tut man“ - bzw. „Das tut man nicht“-Sätze) in Bezug auf diese beiden Antreiber haben Ihre Kindheit geprägt? Das könnte bspw. ein Satz sein wie „Nur Schwächlinge weinen, wenn sie traurig sind“ als Konkretisierung des Antreibers „Sei stark!“. Sollten Ihnen zusätzliche Regelsätze einfallen, die Sie nicht den beiden am stärksten ausgeprägten Antreibern zuordnen können und die trotzdem für Ihre heutige Vorstellung von „Gut-und-richtig-Sein“ eine große Rolle spielen, notieren Sie diese bitte auch:

Antreiber	Antreiber-Glaubenssätze
1. _____	1. _____
_____	_____
_____	2. _____
_____	_____
_____	... _____
_____	_____
2. _____	1. _____
_____	_____
_____	2. _____
_____	_____
_____	... _____
_____	_____
Sonstige _____	1. _____
_____	_____
_____	... _____
_____	_____

Nun reflektieren Sie über jeden der von Ihnen notierten
Antreiber-Glaubenssätze:

? *Wo war dieser in Ihrem bisherigen Leben hilfreich?*

? *Wo hat er Ihnen das Leben schon einmal schwer gemacht?*

? *Wie ist Ihre Einstellung heute als Erwachsener zu diesem Glau-*
benssatz und welches Argument möchten Sie diesem Satz gerne
aus Ihrer bisherigen Erfahrung heraus entgegensetzen?

Formulieren Sie aus diesem erwachsenen und selbstbestimmten
Gegenargument einen positiven Glaubenssatz, den „Erlauber". Der
Erlauber sollte Ihrer heutigen Einstellung entsprechen und nicht
einfach eine „klug klingende" Gegenbehauptung oder eine trotzige
Umkehrung des Antreiber-Glaubenssatzes darstellen. Im obigen
Beispiel könnte der Erlauber heißen: „Wahre Stärke erfordert, auch
seine Schwächen und Ängste zu zeigen." Hilfreich kann auch eine
„Mal so oder mal so"-Formulierung sein (bspw. „Mir wichtigen Men-
schen gegenüber darf ich mich ganz zeigen"). Das erlaubt Ihnen,
sich situationsabhängig zu verhalten, und wertet das elterliche Ge-
bot nicht ab.

Notieren Sie nachstehend Ihre Antreiber-Glaubenssätze sowie die
entsprechenden Erlauber.

Antreiber-Glaubenssätze	**Erlauber**
_____	_____
_____	_____
_____	_____
_____	_____
_____	_____
_____	_____

Als Hilfestellung für Ihre obigen Überlegungen finden Sie nachfolgend für alle fünf Antreiber einige exemplarische Glaubenssätze und Erlauber, typische Stärken und schwächende Haltungen sowie eine Kurzbeschreibung des Antreiber-Typs. Sie können diese Beschreibungen nutzen, um sie auf Gültigkeit für Ihre innere Einstellung zu hinterfragen. Je intensiver ein Antreiber bei Ihnen ausgeprägt ist, desto mehr Übereinstimmungen werden Sie wahrscheinlich finden.

Antreiber: Sei perfekt!
→ Perfektion ist wichtiger als Aufwand

Glaubenssätze: „Ich muss es noch besser machen, es ist noch nicht genug.";
„Mach keine Fehler!"

Stärken:	Schwächende Haltungen:
• Gründlichkeit	• Angst, nicht akzeptiert zu werden, wenn man nicht genau und gründlich ist
• Zuverlässigkeit	• Übererfüllung von Zielen; 95 % heißt bereits gescheitert
• Expertentum	
Erlauber:	• Überzogene Selbst- und Fremdkritik
• „Ich darf Fehler machen und aus Ihnen lernen."	• Sehr hohe Erwartungen an sich und andere
• „90 % an einem Tag ist besser als 100 % an drei Tagen."	• Perfektion ohne Gewichtung von Aufwand und Nutzen
	• Übertriebene Zeitinvestition
• „Niemand ist perfekt."	• „Negativ-Brille", Positives wird als „Selbstverständlichkeit" erlebt
• „Ich bin gut so, wie ich bin."	
• „Ich gebe mein Bestes – das reicht."	• Rückversicherungszwänge
	• Hang zu Pedanterie und Zwanghaftigkeit

Menschen mit einem hohen „Sei perfekt!"-Antreiber sind oft Experten auf ihrem Gebiet. Sie stehen unter einem hohen Druck, alles gründlich und richtig machen zu müssen. Diese Menschen bemühen sich um Vollkommenheit und Präzision und tendieren dazu, Ihre Aufgaben überzuerfüllen – ohne Rücksicht auf die Relation von Aufwand und Nutzen. Dies führt meist zu überhöhten Arbeitszeiten. Für den letzten Feinschliff einer Präsentation bspw. können da schon einmal ein paar zusätzliche Stunden ins Land gehen. Perfektionisten haben nicht nur sehr hohe Erwartungen hinsichtlich Gründlichkeit, Vollkommenheit und Zuverlässigkeit an sich, sondern auch an andere.

Antreiber: Beeil dich!
→ Tempo ist wichtiger als Ergebnis

Glaubenssätze: „Ich muss schnell sein, sonst werde ich nicht fertig.";
„Was du heute kannst besorgen, verschiebe nicht auf morgen."

Stärken:	Schwächende Haltungen:
• Dynamik	• Angst, nicht dazuzugehören („Ich muss überall dabei sein.")
• Kreativität	• Chaotische Zeiteinteilung und -planung
• Tempo	• Hang zu Kopflosigkeit, verbreitet Hektik und Unruhe
Erlauber:	• Ständiger Zeitdruck, Zu-spät-Kommen als schlimmes Vergehen
• „Ich darf mir Zeit nehmen und auch Pausen machen. Manches darf länger dauern."	• Zuhören kommt oft zu kurz, andere werden unterbrochen, wichtige Informationen und Standpunkte gehen dadurch verloren
• „Meine Zeit gehört mir."	• Arbeit wird nicht zu Ende gedacht und gebracht
• „Ich darf genießen."	• Kein Nerv für Details, Analyse kommt oft zu kurz
	• Kaum Durchhaltevermögen

Menschen mit einem hohen „Beeil Dich!"-Antreiber sind hochdynamisch und meist sehr kreativ. Diese Menschen sind nie richtig dort, wo sie gerade sind, sondern immer schon beim nächsten „Event". Sie sind ungeduldig, hektisch und scheinen ständig unter Zeitdruck zu stehen. Ein ruhiges und konzentriertes Arbeiten ist für sie kaum möglich. Zeit zum Genießen bleibt ihnen meist keine.

Antreiber: Streng dich an!
→ Anstrengung ist wichtiger als Ergebnis

Glaubenssätze: „Ich muss mich immer anstrengen, egal wobei.";
„Erst die Arbeit, dann das Vergnügen."

Stärken:

- Einsatzbereitschaft
- Fleiß
- Pflichtbewusstsein

Erlauber:

- „Locker geht's besser."
- „Meine Kraft gehört mir."
- „Arbeit darf Spaß machen."
- „Ich darf auch mal innehalten."
- „Ich darf mich über das Erreichte freuen."

Schwächende Haltungen:

- Angst, dass andere besser sein könnten
- Überall sind Rivalen → Verdoppelung der Anstrengung
- Hohe Anstrengungserwartung an andere
- Keine Abwägung möglich, wann Anstrengung sinnvoll ist und wann nicht
- Langwierigster und schwierigster Lösungsweg wird bevorzugt
- Keine Fähigkeit zur Improvisation
- Gefahr des „Mehr-vom-Gleichen" anstatt nach neuen Lösungswegen zu suchen
- Es scheint immer Probleme, Schwierigkeiten und Krisen zu geben
- Viel Anspannung auch im Körper

Personen, die den „Streng dich an!"-Antreiber stark ausgeprägt haben, sind äußerst leistungsstark. Sie „beißen" sich so lange in ein Problem „fest", bis sie es gelöst haben. Dabei scheint ihnen ein leichter Weg verdächtig zu sein, die richtige Lösung muss durch Anstrengung erzielt werden. Ein entspanntes Genießen, auch nach Erfolgen ist kaum möglich. Diese Menschen fühlen sich dadurch bedroht, dass andere besser sein könnten als sie, und versuchen, dem durch doppelte Anstrengung entgegenzuwirken.

Antreiber: Mach's allen recht!
→ Anpassung ist wichtiger als Selbstwahrnehmung

Glaubenssätze: „Ich bin nur dann wertvoll, wenn alle mit mir zufrieden sind.";
„Wenn ich NEIN sage, werde ich abgelehnt."

Stärken:

- Einfühlungsvermögen
- Loyalität
- Verbindlichkeit
- Hilfsbereitschaft

Erlauber:

- „Ich darf mich wichtig nehmen und herausfinden, was ich selbst will."
- „Ich bin auch o.k., wenn jemand unzufrieden mit mir ist."
- „Gefall dir selbst."
- „Ich muss nicht bei allen beliebt sein."

Schwächende Haltungen:

- Angst, von anderen abgelehnt zu werden
- Es zählt nur, was andere von einem erwarten
- Eigene Bedürfnisse und Wünsche zählen nicht
- Nicht NEIN sagen dürfen
- Wünsche und Bedürfnisse werden nicht klar formuliert
- Freundlichkeit um des „lieben Friedens willen"
- Vermeidet Konflikte
- Erwartungen, dass andere einem die Wünsche „von den Augen" ablesen
- Erwartungen von dauernder Rücksichtnahme
- Hohe Unsicherheit, wenn kein Feedback von außen kommt

Menschen mit einem sehr hohen „Mach's allen recht!"-Antreiber glauben, dass es in erster Linie darum geht, so zu sein, wie andere sie haben wollen. Sie fühlen sich dafür verantwortlich, dass andere sich wohl fühlen, und nutzen ihr ausgeprägtes Einfühlungsvermögen, um es ihnen recht zu machen. Ihre eigenen Bedürfnisse stellen sie hintenan, sie richten sich danach, was andere von ihnen erwarten, und kommen dabei selbst oft zu kurz. Heimlich wünschen sie sich, dass andere ihre Bedürfnisse und Wünsche genauso erkennen mögen, und haben daher hohe Erwartungen hinsichtlich deren Rücksichtnahme und Bemühungen, ihnen die eigenen Wünsche „von den Augen" abzulesen.

Antreiber: Sei stark!
→ **Unabhängigkeit ist wichtiger als Gemeinschaft**

Glaubenssätze: „Niemand darf merken, dass ich auch schwach, empfindlich und ratlos bin.";

„Ein Indianer kennt keinen Schmerz.";

„Gefühle sind ein Zeichen von Schwäche."

Stärken:

- Belastbarkeit
- Durchsetzungsvermögen
- Eigenständigkeit

Erlauber:

- „Hilfe holen und Hilfe annehmen sind o.k."
- „Ich darf vertrauen."
- „Gefühle zeigen ist erlaubt und ein Zeichen von Stärke."
- „Schwächen sind sympathisch."

Schwächende Haltungen:

- Angst, andere könnten Schwächen entdecken und einen deshalb ablehnen
- Als Held, der durch nichts zu erschüttern ist, darstehen wollen
- Schwächen und Fehler sind schlecht
- Muss immer Haltung bewahren und Probleme alleine lösen
- Hilfe darf nicht angenommen werden
- Erwartungen, dass andere auf einen zukommen
- Erwartungen, dass andere zu einem aufblicken
- Eindruck von Arroganz oder stoischer Ruhe
- Delegationsschwäche

Menschen mit einem ausgeprägten „Sei stark!"-Antreiber verstehen es, sich zu beherrschen, und vermitteln eine Haltung von Härte, Durchsetzungsstärke und Heldentum. Sie sind zurückhaltend, manchmal sogar stoisch. Sie sprechen nicht direkt von sich selbst, sondern verwenden Formulierungen, die Distanz ausdrücken (bspw. „man" anstelle von „ich"). Aufgeben kommt für diese Menschen nicht infrage, es gilt unter allen Umständen Zeichen von Schwäche und Ratlosigkeit zu vermeiden. Das Annehmen von Hilfe ist kaum möglich. Hilfe wird ihnen allerdings auch selten angeboten, da diese Menschen sich nicht hilfsbedürftig zeigen. Aufgaben werden ungern delegiert.

Durch das automatisierte und zwanghafte Befolgen Ihrer Antreiber entsteht häufig Stress. Die Erlauber können die Macht Ihrer Antreiber entkräften. Mithilfe der im Buch beschriebenen Achtsamkeitsübungen (siehe Kapitel 4) werden Sie aufmerksamer für Ihre Gedanken und nehmen so Ihre Antreiber und die damit verbundenen Glaubenssätze bewusster wahr. Die Techniken zur Unterbrechung Ihrer Gedanken (siehe Kapitel 5.2.1) machen den Raum frei für neue, stärkende Gedanken. Jetzt können Sie Ihren Stress auslösenden Antreiber-Glaubenssatz durch den betreffenden Erlauber-Satz ersetzen. Sie geben sich damit selbst die Erlaubnis, den elterlichen Regeln und Anweisungen nicht mehr zu folgen, sondern das zu tun, was Ihrer heutigen erwachsenen Haltung entspricht.

→ **Tipp:**

Benutzen Sie diese Erlaubnisse als Experiment, indem Sie den Erlauber-Satz innerlich denken oder leise vor sich hin sagen. Und dann beobachten Sie genau, was nun in Ihnen passiert. Nach einiger Übung werden Sie feststellen, dass sich eine neue Möglichkeit auftut – nämlich die Möglichkeit, anders zu denken, zu fühlen und zu handeln. Versuchen Sie es! Auch hierbei geht es darum, die Wahl zu haben. Natürlich dürfen Sie Ihren Antreibern folgen, aber tun Sie dies nicht automatisch, sondern fragen Sie sich, was in diesem Moment wirklich „gut und richtig" für Sie ist!

6.2   Resilienz – die Anti-Stress-Kraft, die in uns steckt

„Mitten im Winter habe ich erfahren, dass es in mir einen unbesiegbaren Sommer gibt."
(Albert Camus, Philosoph und Schriftsteller)

6.2.1   Resilienz – wissenschaftlich betrachtet

Bambus (roto Graphics, fotolia.com)

Haben Sie einen Bambus-Strauch im Garten oder auf dem Balkon? Wenn nicht, dann schauen Sie sich einmal eine solche Pflanze in Ihrer Umgebung an – bestimmt finden Sie einen Bambus als Zierstrauch auf der Terrasse eines Cafés oder am Eingang eines Ladens in Ihrer Nähe. Beobachten Sie den Bambus für einen Moment. Seine Äste wiegen sich im Wind hin und her, bei Sturm biegen sie sich sogar bis zur Waagrechten, doch sie brechen nicht. Die Bambus-Pflanze übersteht eiskalte Winter, extrem heiße Sommer und nach einem schweren Sturm ist sie oft die letzte Pflanze, die aufrecht steht. Der Bambus ist flexibel, anpassungsfähig und dabei tief im Erdreich verwurzelt – so übersteht er jede Krise.

Um die Psyche mancher Menschen ist es sehr ähnlich bestellt: Weder widrige Lebensumstände noch Schicksalsschläge werfen sie um; sie zerbrechen nicht, sondern richten sich danach wieder auf und sind oft stärker als zuvor.

> Ein prominentes und sehr beeindruckendes Beispiel für einen solchen Menschen ist der südafrikanische Anti-Apartheidskämpfer Nelson Mandela. Bis 1990 hatte er insgesamt 27 Jahre in unterschiedlichen Gefängnissen verbracht und in all diesen Jahren nie aufgehört, gegen die weltweite Unterdrückung der Schwarzafrikaner zu kämpfen. Nelson Mandela hat sich nie zum Opfer machen lassen, sondern nutzte auch in der Zeit seiner Gefangenschaft die Mittel, die ihm zur Verfügung standen, um sich für seine Ideale einzusetzen. Bei seiner Entlassung wirkte Nelson Mandela weder verzweifelt noch verbittert. Stattdessen strahlte er Optimismus und Lebensfreude aus, seine Kraft schien in keiner Weise geschwächt. 1993 erhielt er den Friedensnobelpreis und ein Jahr danach, 1994, gewann Mandela mit seiner Partei die ersten demokratischen Wahlen Südafrikas und wurde zum Präsidenten des Landes gewählt.

Neben diesem prominenten Beispiel kennen Sie sicher auch aus Ihrem eigenen Umfeld solche Stehauf-Menschen, die einfach nichts aus der Bahn zu werfen scheint.

Die Fähigkeit, auf herausfordernde Umstände und widrige Lebenssituationen flexibel zu reagieren und diese gestärkt zu überstehen, faszinierte schon in den 1950er-Jahren den amerikanischen Psychologen Jack Block, Professor an der Berkeley University in Kalifornien. Er führte für das Stehaufmännchen-Phänomen einen bislang aus der Werkstoffkunde bekannten Begriff ein – die „Resilienz" (lat. resilire = zurückspringen, abprallen). Dort beschreibt Resilienz die Eigenschaft von Materialien, trotz extremer Belastung immer wieder in ihren ursprünglichen Ausgangszustand zurückzukehren wie bspw. beim Schaumstoff.

Der Begriff der Resilienz sowie das Interesse an dem Stehaufmännchen-Phänomen etablierten sich seit Jack Block weiter in Forschung und Wissenschaft. Deren Inhalte waren zunehmend bestimmt durch die Fragestellung „Was hält uns gesund / macht uns stressresistent?" im Gegensatz zum früheren Interesse an der Betrachtung „Was macht uns krank/Stress?".

So war der amerikanisch-israelische Medizinsoziologe Aaron Antonovsky (1923–1994) einer der ersten, der mit seinem Konzept über die „Salutogenese" (= Entstehung der

Gesundheit) seit den 1970er-Jahren den Blick weg von den Ursachen und Risikofakto-
ren für Krankheiten lenkte und hin zu einem Interesse an den gesunderhaltenden
Kräften eines Menschen.

Zwei Studien aus der zweiten Hälfte des letzten Jahrhunderts können
als Ausgangspunkte für die Resilienzforschung angesehen werden:

Eine dieser Studien leitete Aaron Antonovsky. Er beschäftigte sich mit
Frauen, die im Zweiten Weltkrieg in nationalsozialistischen Konzent-
rationslagern interniert waren. Antonovsky untersuchte ihren psychi-
schen und physischen Zustand und verglich diesen mit Frauen aus
einer Kontrollgruppe. Wie zu erwarten, fielen die Werte der KZ-Überle-
benden schlechter aus. Jedoch waren knapp ein Drittel dieser Frauen
trotz der extremen Stressoren, denen sie ausgesetzt waren, in einem
guten gesundheitlichen und mentalen Zustand. Die Fragestellung,
was diese Frauen gesund hielt, war der Auslöser für die Geburtsstun-
de des Salutogenese-Konzepts. Parallel zu dieser Veränderung in der
Medizin hat sich in der Psychologie eine neue Gruppierung gebildet,
die der positiven Psychologie, zu deren Begründern der schon in Kapitel 3 genannte Psychologieprofessor Martin Seligman zählt.

Die zweite Pionierstudie zum Thema Resilienz beschäftigte sich unter
der Leitung der amerikanischen Entwicklungspsychologin Emmy Werner, University of California, mit der Entwicklung von 698 Kindern auf
der Hawaiiinsel Kauai. Emmy Werner begleitete diese Kinder und spä-
tere Erwachsene über 40 Jahre hinweg, beginnend von ihrer Geburt
1955. Über 200 der Kinder waren erheblichen Stressoren ausgesetzt
wie Armut, Vernachlässigung oder Krankheit bzw. Tod der Eltern.
Trotzdem entwickelte sich gut ein Drittel dieser Risikogruppe positiv.
Als Kinder waren sie gut in der Schule, zeigten keinerlei Verhaltensauf-
fälligkeiten und als Erwachsene gründeten sie eine Familie, ergriffen
einen geachteten Beruf und hatten ein gefestigtes soziales Umfeld.

Die Frage, was Menschen diese Widerstandskraft verleiht, beschäftigt Psychologen
und Soziologen seit Jahrzehnten. Heute ist die Resilienzforschung als eigenes Fach in
den Wissenschaften etabliert.

SIE DEFINIERT RESILIENZ ALS DIE FÄHIGKEIT EINES MENSCHEN, SICH TROTZ
WIDRIGER UMSTÄNDE, NIEDERLAGEN, KUMMER UND KRANKHEITEN IMMER
WIEDER ZU FANGEN, SICH NEU AUSZURICHTEN UND AUS DIESEN BELASTENDEN
SITUATIONEN GESTÄRKT HERVORZUGEHEN.

Erinnert Sie das an unseren Bambus im Wind? Der Bambus symbolisiert den Begriff der Resilienz aufgrund seiner Flexibilität, Anpassungsfähigkeit und Verwurzelung in äusserst treffender Weise.

Dieses Wissen um die Resilienz macht sich die Stressforschung heute zunutze. Denn Menschen unterscheiden sich grundsätzlich in der Art, wie sie mit Stress umgehen und wie viel Stress sie vertragen können. Das Stehaufmännchen-Phänomen ist eine Schutzhaut gegen Stress. Resiliente Menschen besinnen sich in Belastungssituationen auf ihre eigenen Stärken und mobilisieren diese. Sie akzeptieren Krisen, übernehmen Verantwortung für ihren Anteil daran und suchen nach Lösungen. Sie geben sich die notwendige Zeit für die Bewältigung der Krise und nehmen hierfür auch Unterstützung anderer an. Diese Menschen bewahren eine optimistische Grundhaltung, schätzen gleichfalls die Instabilität des Lebens realistisch ein und bereiten sich bestmöglich auf potenzielle Krisenphasen vor. So sind diese Menschen bestens gegen Stress geschützt.

Manche Menschen werden mit dieser Fähigkeit zur Resilienz geboren. Doch auch alle, denen dies nicht „in die Wiege gelegt wurde", können bessere Widerstandskräfte entwickeln. Im Laufe dieses Buches haben Sie davon gelesen, dass Sie Ihr Gehirn und damit auch Teile Ihrer Persönlichkeit „umprogrammieren" können.

AUCH RESILIENZ KÖNNEN SIE LERNEN! NATÜRLICH GEHT DAS IM KINDESALTER LEICHTER, DOCH AUCH ALS ERWACHSENER KÖNNEN SIE VIEL DAZU TUN, RESILIENZ IN SICH SELBST ZU ENTWICKELN. DENN DIESE ANTI-STRESS-KRAFT STECKT ALS POTENZIAL IN UNS ALLEN.

Im nächsten Abschnitt erfahren Sie mehr darüber, wie Sie dieses Potenzial nutzen können, um für zukünftige Belastungssituationen besser gewappnet zu sein.

6.2.2 Die sieben Säulen der Resilienz

Die beiden amerikanischen Psychologie-Professoren Karen Reivich und Andrew Shatté beschreiben in ihrem 2003 erschienen Buch „The Resilience Factor" die Fähigkeit zur Resilienz durch sieben Säulen, die im folgenden Resilienzkriterien genannt werden. Hinterfragen Sie sich selbst, welche dieser Faktoren bei Ihnen in welchem Umfang ausgeprägt sind. Oft ist es hilfreich, sich hierfür die Einschätzung einer vertrauten Person dazuzuholen, um Ihr Bild von sich selbst zu komplettieren.

Die sieben Resilienzkriterien:
1. Optimismus
2. Akzeptanz
3. Übernahme von Verantwortung
4. Lösungsorientierung

5. Verlassen der Opferrolle
6. Netzwerkorientierung
7. Zukunftsplanung

Optimismus

> *„Am Ende ist alles gut – und wenn es noch nicht gut ist,*
> *dann ist es auch noch nicht zu Ende."*
> *(Oscar Wilde, irischer Schriftsteller)*

Die optimistische Lebenseinstellung ist das wichtigste Merkmal der Resilienz. Die feste Überzeugung, dass sich die Dinge irgendwann wieder zum Guten wenden, ist notwendige Voraussetzung für die Widerstandskraft eines Menschen. Dabei geht es nicht um ein realitätsverleugnendes „Think positive", das schlechte Ereignisse schönzureden sucht. Wahre Optimisten glauben hingegen, dass ihnen das Leben auf lange Sicht mehr Gutes als Schlechtes bringt. Sie neigen „... dazu, ihre Probleme als vorübergehend, kontrollierbar und spezifisch für eine bestimmte Situation zu sehen" (Seligman, Martin: Der Glücks-Faktor. Warum Optimisten länger leben, Köln 2011, S. 30).

Martin Seligman erforscht das Phänomen des Optimismus und seine Auswirkungen auf Glück und Zufriedenheit des Menschen seit vielen Jahren. Dabei fand er heraus, dass sich Optimisten und Pessimisten grundsätzlich in der Art und Weise unterscheiden, wie sie das Eintreten guter oder schlechter Ereignisse erklären. Optimistische Menschen haben für gute Ereignisse generelle und andauernde Erklärungen (wie Talente oder Charaktereigenschaften) sowie zeitlich begrenzte und spezifische Erklärungen für Probleme oder Misserfolge.

So wird ein optimistischer Mensch einen Verhandlungserfolg eher mit seinem grundsätzlichen Verhandlungsgeschick erklären, während er eine misslungene Präsentation eher durch einen schlechten Tag bzw. eine eben in dieser Präsentation nicht optimale Leistung begründet. Menschen mit pessimistischer Grundhaltung hingegen beschreiben die Ursachen für das Eintreten von Ereignissen genau umgekehrt. D.h., sie begründen Misserfolge und Probleme mit generellen und andauernden Erklärungen („Ich bin nun einmal nicht gut genug", „Mit meinen Vorgesetzten komme ich nie gut aus") und das Eintreten von positiven Ereignissen mit zeitlich begrenzten und spezifischen Begründungen („Bei dieser Verhandlung hatte ich Erfolg", „Diesen Kunden konnte ich heute überzeugen").

Achten Sie also bei Ihren eigenen Erklärungsansätzen für gute oder schlechte Ereignisse auf eventuelle Generalisierungen in Ihren Gedanken und in Ihrer Sprache. Wenn Sie bspw. gestern einen Disput mit Ihrem Kollegen hatten, wie würden Sie diesen Vorfall beschreiben?

→ „Ich konnte mich gestern mit meinem Kollegen in diesem Punkt nicht einigen."

oder:

→ „Mit meinem Kollegen gibt es immer Streit."

Je dauerhafter Sie die Ursachen für ein schlechtes Ereignis einschätzen, desto länger bleiben Sie passiv und hoffnungslos. Wenn Sie zudem die Ursachen für das Misslingen noch generalisieren, d.h., die Hilflosigkeit von ihrem Ursprungsgebiet auf andere Gebiete übertragen, werden Sie sich nicht nur in dieser Situation, sondern generell in Ihrem Leben machtlos fühlen (im Sinne von: „Nichts gelingt mir").

Wenn Sie sich in diesen Beschreibungen als Pessimist wiedererkennen, dann beginnen Sie heute damit, Ihre Perspektive zu verändern. Entscheiden Sie sich für eine optimistischere und stressreduzierende Grundhaltung in Ihrem Leben. Sie haben bereits in diesem Buch gelernt, wie das geht. Der Schlüssel dafür liegt im Beobachten Ihrer Gedanken und der Identifizierung derjenigen Gedanken, die eine pessimistische Perspektive aufzeigen. Finden Sie so heraus, welche Erklärungen Ihre Gedanken dem Eintreten guter bzw. schlechter Ereignisse zuweisen.

Unterbrechen Sie pessimistische Gedanken und ersetzen Sie diese bewusst durch generelle Erklärungen für gute Ereignisse und zeitlich begrenzte bzw. spezifische Erklärungen für Misserfolge oder Probleme. Die Übungen aus den Kapiteln 4.4 und 5.2 werden Ihnen dabei helfen, Ihre Gedanken zu beobachten, zu unterbrechen und den Perspektivenwechsel vorzunehmen.

Da wir Vorwürfe, die wir uns selbst machen, normalerweise nicht diskutieren, uns aber gegen Vorwürfe, die von außen an uns herangebracht werden, eher verteidigen, schlägt Seligman folgende wirkungsvolle Übung vor:

→ Übung: Disput mit einem Rivalen

Stellen Sie sich vor, dass Ihre eigenen pessimistischen Gedanken (bspw. „Dafür bist du eh nicht gut genug!" oder „Das schaffst du sowieso nicht!") von einem anderen Menschen vorgebracht worden wären, von einem Rivalen, dessen Lebensaufgabe es ist, Sie unglücklich zu machen.

Nun lassen Sie sich alle Gegenargumente zu Ihren (eigenen) pessimistischen Gedanken einfallen, mit denen Sie Ihren Rivalen davon überzeugen wollen, dass Sie bspw. für diese Aufgabe genau die oder der Richtige sind und sie erfolgreich bewältigen werden.

Wenn Sie wollen, schreiben Sie sich für die ersten Übungen Ihre Gegenargumente auf. Später können Sie sie auch nur in Gedanken sammeln.

So werden Sie sich nach und nach darin üben, eine optimistischere Grundhaltung anzunehmen.

Eine Optimismus-Geschichte

Der buddhistische Mönch Ajahn Brahm beschreibt in seiner Geschichte „Zwei mangelhafte Backsteine" sehr eindrucksvoll, wie ein kleiner Fehler ihn für den Erfolg seiner Arbeitsleistung blind machte. Seine Aufgabe war es, mit seinen eigenen Händen im Kloster eine Backsteinmauer zu bauen. Ungeübt im Maurerhandwerk war dies für ihn eine große Herausforderung, der er sich mit viel Geduld und Mühe stellte. Als er am Ende seiner Arbeit zwei Backsteine erblickte, die er schief eingesetzt hatte, verflog der Stolz über seine Arbeit augenblicklich und machte Platz für Scham und Wut, da ihm nun die gesamte Mauer stümperhaft erschien. Am liebsten hätte er die Mauer wieder eingerissen, doch sein Abt verbot es ihm. Ajahn Brahm schämte sich jedes Mal für sein Stümperwerk, wenn er es sah. Dies änderte sich erst, als ein Gast kam, der eben diese fehlerhafte Mauer für ihre Schönheit bewunderte. Da fragte Ajahn Brahm erstaunt, ob er denn die beiden mangelhaft eingesetzten Backsteine nicht sähe? „Ja", sagte dieser. „Doch ich sehe auch die 998 gut eingesetzten Steine." (Vgl. Brahm, Ajahn: Die Kuh, die weinte, München 2007, S. 23).

Akzeptanz

Zur Bewältigung einer Krise gehört die Akzeptanz dessen, was geschehen ist – und sei es noch so schlimm. Vergangenes ist nicht änderbar. Nicht resiliente Menschen tun häufig so, als ob nichts geschehen sei, und gehen schnellstmöglich zur Tagesordnung über. Die damit einhergehenden Gefühle werden verdrängt. Resiliente Menschen dagegen lassen sich die Zeit, die sie brauchen, um die Geschehnisse und die damit verbundenen Gefühle zu verarbeiten. Auf die Zukunft bezogen setzen sich resiliente Menschen für die Dinge ein, auf die sie Einfluss haben. Nicht resiliente Menschen verschwenden ihre Kraft oft beim sprichwörtlichen „Kampf gegen die Windmühlen". Schon der amerikanische Theologe Reinhold Niebuhr (1892–1971) verfasste das bekannte Gebet:

> *„Gott, gib mir die Gelassenheit,*
> *Dinge hinzunehmen, die ich nicht ändern kann,*
> *den Mut, Dinge zu ändern,*
> *die ich ändern kann,*
> *und die Weisheit,*
> *das eine vom anderen zu unterscheiden."*

Um Ihre Resilienzkraft zu erhöhen, sollten Sie sich folgende Fragen stellen, bevor Sie sich für eine Sache einsetzen:

1. Kann ich das, wofür ich mich einsetzen möchte, überhaupt beeinflussen?
2. Wie groß ist die Wahrscheinlichkeit, mein Ziel zu erreichen, und welchen Kraftaufwand muss ich dafür bringen?
3. Wie wichtig ist mir die Sache, für die ich mich einsetzen will, tatsächlich?

WENN DIESE KOSTEN-NUTZEN-ABWÄGUNG FÜR SIE – AUCH IN BEZUG AUF IHRE ENERGIEBILANZ – ZU EINEM POSITIVEN ERGEBNIS FÜHRT, IST ES HÖCHSTWAHRSCHEINLICH SINNVOLL, FÜR DIESE SACHE ZU KÄMPFEN. WENN NICHT, DANN LASSEN SIE ES!

Übernahme von Verantwortung

Aus Sicht der Resilienz geht es darum, die „richtige" Verantwortung für Vergangenes zu übernehmen. Dies betrifft sowohl das, was Sie getan haben, als auch das, was Sie nicht getan haben – sowie die Konsequenzen Ihrer jeweiligen Entscheidung. Um herauszufinden, inwieweit Sie Verantwortung für das Vergangene tragen, sollten Sie sich ehrlich die Frage beantworten, ob Sie aus dem damaligen Wissen und der Erfahrung heraus hätten anders handeln können.

Oft quälen sich Menschen nach einem schlechten Ereignis mit Schuldvorwürfen im Sinne von: „Hätte ich nur nicht ..." oder „Wenn ich doch nur ....". Dies produziert Druck und raubt sämtliche Kräfte, um lösungsorientiert in die Zukunft blicken zu können. Gleichzeitig gibt es Menschen, die nie an irgendetwas „schuld" zu sein scheinen, die also immer äußere Faktoren für das Misslingen einer Situation verantwortlich machen. Dies kann zwar kurzfristig stressfreier sein, hält diese Menschen aber davon ab, aus eigenen Fehlern zu lernen, und führt eventuell zu Konflikten mit anderen.

RESILIENTE MENSCHEN NEHMEN SICH DIE ZEIT, DIE VERGANGENE SITUATION ZU REFLEKTIEREN UND DEN EIGENEN ANTEIL AN DER KRISE ODER DEM MISSLINGEN IM VERGLEICH ZUM ANTEIL ANDERER SACHLICH ABZUWÄGEN. FÜR DIESEN ANTEIL ÜBERNEHMEN SIE VERANTWORTUNG.

Sie erklären die Geschehnisse weder ausschliesslich aufgrund interner Faktoren („Ich bin an allem schuld") noch ausschliesslich aufgrund externer Faktoren („Die anderen sind an allem schuld").

Je mehr es Ihnen gelingt, Ihren eigenen Anteil sowie den Anteil anderer oder äußerer Umstände realistisch einzuschätzen, desto gelassener und kraftvoller können Sie einerseits mit den Geschehnissen umgehen und desto größer ist andersseits Ihre Chance, aus eventuell begangenen Fehlern zu lernen, und somit das nächste Mal erfolgreicher zu sein.

Lösungsorientierung

Resiliente Menschen sind sogar im tiefsten Schmerz, im größten Problem in der Lage, nach Lösungsmöglichkeiten zu suchen. Die Akzeptanz der widrigen Situation oder des Problems sowie die optimistische Grundeinstellung, dass jede schlechte Zeit einmal zu Ende sein wird, sind Voraussetzungen dafür. Resiliente Menschen akzeptieren, dass sie Vergangenes nicht mehr ändern können, und wissen gleichzeitig, dass sie sehr wohl ihre Gegenwart und Zukunft beeinflussen können. Für sie ist eine schwierige Situation eher eine Herausforderung als ein Problem und große Herausforderungen zerteilen sie in kleinere, machbare Schritte.

Machen Sie sich Ihre Stärken und die Ihnen zur Verfügung stehenden inneren und äußeren Ressourcen bewusst. Finden Sie diese bspw., indem Sie sich an Ihre Erfahrungen aus früheren vergleichbaren Situationen oder Problemen erinnern. Welche inneren Kräfte und äußeren Mittel haben Ihnen damals geholfen. Nutzen Sie dieses Wissen für die Lösung der aktuellen Situation.

Achtsamkeitsübungen (Kapitel 4) und Gedanken-Stopp-Techniken (Kapitel 5.2.1) helfen Ihnen, erst einmal Ruhe in Ihre Gedanken und Gefühle zu bringen. Mithilfe der Übungen zum Perspektivenwechsel (Kapitel 5.2.1) können Sie das Geschehene, Ihre Situation sowie Ihre Handlungsmöglichkeiten sachlich analysieren. Vergleichen Sie hierzu auch die Überlegungen zum Stressförderer „Perspektivlosigkeit" (Kapitel 5.2.2).

Verlassen der Opferrolle

Resiliente Menschen suchen auch in belastenden Situationen ihre Selbstbestimmung. Sie sehen sich nicht nur als Opfer, sondern bemühen sich darum, wieder Kontrolle über die Dinge zu gewinnen. Nicht resiliente Menschen haben das Gefühl, keinen Einfluss zu haben auf das, was mit ihnen geschieht, sie fühlen sich ausgeliefert und fremdbestimmt.

Gewinnen Sie den Glauben an Ihre eigene Handlungsfähigkeit zurück. Suchen Sie nach Ihrer Selbstwirksamkeit, finden Sie heraus, wo Sie die Dinge zu Ihren Gunsten beeinflussen können. Machen Sie sich Ihre eigenen Kräfte, Ihre Ressourcen und Stärken bewusst und erinnern Sie sich daran, dass Sie selbst entscheiden können, wie Sie Ihre Welt sehen. Es kommt aus Sicht der Resilienz nicht darauf an, was uns in unserem Leben passiert, sondern wie wir damit umgehen. Oder wie es der japanische Schriftsteller und Marathonläufer Haruki Murakami in seinem Buch „Wovon ich rede, wenn ich vom Laufen rede" formuliert: „Schmerz ist unvermeidlich, Leiden ist eine Option."

Sehen Sie hierzu auch die Ausführungen zur Wahrnehmung (Kapitel 4.1) und zum Stressförderer „Fremdbestimmung" (Kapitel 5.2.2.).

Netzwerkorientierung

Der Begriff der Netzwerkorientierung ist möglicherweise irreführend, denn es geht nicht um die Teilnahme an einer möglichst großen Zahl sozialer Netzwerke, sondern um das Eingebundensein in feste und zuverlässige soziale Strukturen. Gute Beziehungen zu Familienmitgliedern, Freunden und anderen Menschen sind äußerst wichtig – gerade in Krisenzeiten. Sie stärken das Selbstwertgefühl und stehen Ihnen als hilfreiche Unterstützer zur Seite.

RESILIENTE MENSCHEN BAUEN INTENSIVE UND TRAGFÄHIGE BEZIEHUNGEN ZU ANDEREN MENSCHEN AUF, PFLEGEN UND NUTZEN DIESE, WENN SIE HILFE BRAUCHEN ODER ES GANZ EINFACH SEHR VIEL SCHWIERIGER IST, ALLEINE EINE LÖSUNG FÜR EIN PROBLEM ZU FINDEN.

Kein Mensch kann Spezialist in allem sein – viele Spezialisten, die sich gegenseitig mit ihren jeweiligen Talenten unterstützen, machen sich gegenseitig besser. Schon der griechische Philosoph Aristoteles (384–322 v. Chr.) sagte: „Das Ganze ist mehr als die Summe seiner Teile."

Manche Menschen erliegen gerade in sehr belastenden Zeiten der Gefahr der sozialen Isolation (vgl. Stressförderer „Soziale Isolation", Kapitel 5.2.2). Sie sind so in ihrem Problem, in ihrer Aufgabe gefangen, dass sie nicht darüber nachdenken, wer ihnen jetzt helfen könnte.

Wenn Sie auch dazu tendieren, kann es für Sie hilfreich sein, sich in ruhigen Zeiten vorsorglich eine Liste mit den Personen zu erstellen, die Sie bei bestimmten Problemen oder Fragestellungen zurate ziehen können.

Anderen Menschen hingegen fällt es generell schwer, Hilfe anzunehmen, bspw. solchen mit einem sehr hohen „Sei stark!"-Antreiber (vgl. Kapitel 6.1). Diese Menschen unterstützen oft gerne andere, haben aber selbst an sich den Anspruch, alles alleine hinbekommen zu müssen.

Erlauben Sie sich, Unterstützung anzunehmen. Führen Sie sich vor Augen, dass eine Beziehung zu anderen von Geben und Nehmen lebt und dass auch der andere sich freut, wenn er Sie unterstützen kann. So lösen Sie unter Umständen ein Problem in einem zehnminütigen Gespräch, für dessen Lösung Sie alleine mehrere Stunden gebraucht hätten.

Resiliente Menschen haben keine Scheu, über Ihre Sorgen zu sprechen, und versuchen erst gar nicht, ihre Schwierigkeiten im Alleingang zu lösen. Psychologische Studien zeigen übereinstimmend, dass Menschen, die in ein festes soziales Netz aus Familie und Freunden eingebunden sind, mit Schicksalsschlägen leichter fertig werden als andere.

→ **Aufgabe**

? *Beobachten Sie Ihre Gedanken und Ihre innere Einstellung schon beim Lesen des vorherigen Absatzes. Welche Gedanken nehmen Sie wahr?*

- → *Ist doch klar, so mache ich das auch!*
- → *Ja, prinzipiell ist das o.k., aber ich will mich doch nicht abhängig machen!*
- → *Nein, ich will doch keinen mit meinen Problemen belasten!*
- → *...*

Anhand Ihrer Gedanken können Sie Ihre innere Haltung zu diesem Thema identifizieren. Wenn Sie dazu tendieren, von sich selbst zu glauben, dass Ihnen keiner helfen kann oder Sie eben alles alleine schaffen müssen, dann steckt hier für Sie ein wichtiges Potenzial, das Sie nutzen können, um stressfreier zu leben.

Entwickeln Sie mithilfe der unter 5.2.1 beschriebenen Übungen resiliente Denkmuster und machen Sie Ihre ersten Erfahrungen damit, sich echten Freunden anzuvertrauen und Unterstützung von anderen anzunehmen. Sie werden sehen, wie viel einfacher sich so belastende Situationen lösen oder zumindest auffangen lassen. Und manchmal kann ein potenzielles Problem mithilfe anderer sogar im Keim erstickt werden.

Zukunftsplanung

Resiliente Menschen zeichnen sich durch eine umsichtige Zukunftsplanung aus. Sie setzen sich realistische Ziele, doch versteifen sich nicht felsenfest auf die Erreichung dieser Ziele. Gleichzeitig halten resiliente Menschen nichts für selbstverständlich – auch nicht das momentane Glück. Sie wissen, dass Dinge sich im Leben ändern können, und beschäftigen sich gedanklich mit diesen „vorhersehbaren" Veränderungen. Das heißt nicht, dass diese Menschen ihr momentanes Glück nicht genießen und es vielleicht sogar schlechtreden, weil es ja irgendwann sowieso wieder vorbei ist. Es heißt, dass sich resiliente Menschen mit dem Auf und Ab des Lebens auseinandersetzen und sich bestmöglich auf erwartbare Veränderungen vorbereiten. Daher werden diese Menschen von Wendepunkten ihres Lebens und den möglicherweise damit einhergehenden Problemen nicht vollkommen überrascht.

Auch wenn Ihnen Ihre Arbeit viel Spaß macht und Sie erfolgreich sind, könnten Sie diese verlieren. Oder Sie beginnen eine neue Arbeitsstelle und merken in der Probezeit, dass Ihnen die Aufgabe nicht gefällt. Was machen Sie dann?
Resiliente Menschen sind sich dieser Möglichkeiten bewusst und überlegen sich deshalb frühzeitig mögliche Alternativen, sie halten nicht verbissen an ihren Zielen

fest, sondern haben immer einen „Plan B" in der Tasche. Frei nach dem Motto: Zu jeder guten Planung gehört auch mindestens eine gute Alternative.

Jeder von uns weiß, dass nicht alles klappt, was man sich vornimmt. Genau wie der Erfolg und das Glück gehört auch das Scheitern zum Leben – das kann beeinflussbare oder auch nicht beeinflussbare Ursachen haben. Wichtig ist, nach dem Sturz nicht liegen zu bleiben, sondern wieder aufzustehen. Doch in welche Richtung soll es weitergehen? Wenn Sie sich vorher schon ein alternatives Szenario für Ihr angestrebtes Leben entwickelt haben, dann wissen Sie nach einer Krise oder einem eventuellen Scheitern viel eher, was Sie als Nächstes tun wollen.

Perspektivlosigkeit und Fremdbestimmung, das Gefühl, keine Wahl zu haben, sind einflussreiche Stressförderer (vgl. Kapitel 5.2.2). Wenn Sie eine gute Alternative haben, dann haben Sie auch automatisch im Falle eines Scheiterns eine neue Perspektive, können Ihr Leben selbst in die Hand nehmen und damit Ihre Selbstwirksamkeit zurückgewinnen.

Zudem lässt Sie das Wissen um einen Plan B stressfreier mit der Umsetzung Ihres Plan A umgehen, denn dann sind Sie nicht der Notwendigkeit der Zielerreichung ausgeliefert, sondern haben Ihre Alternative im Hinterkopf – das macht Sie unabhängiger, reduziert den Druck und lässt Sie so Ihre Ziele kraftvoller und gelassener erreichen.

Für meine Arbeit habe ich die StressRadar®-Analyse entwickelt, die meinen Klienten einen ausdifferenzierten Überblick über die mehr oder weniger entwickelten Felder ihrer Resilienzkraft gibt.

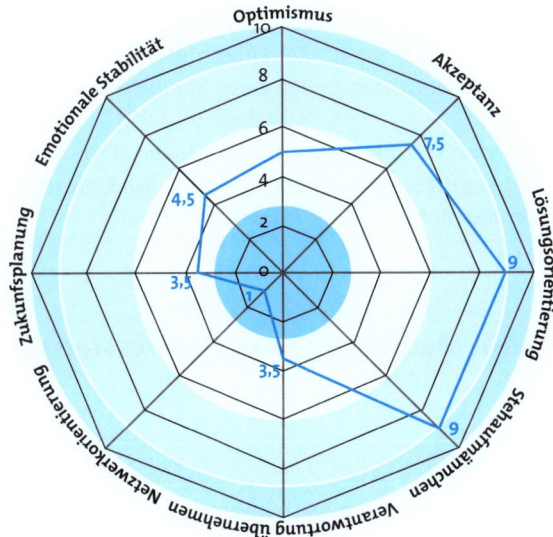

Beispiel einer StressRadar®-Analyse

Eine umfangreiche Erläuterung dieses Instruments sowie seiner individuellen Nutzung würde den Rahmen dieses Buches sprengen. Sie als Leser erhalten durch die obigen Ausführungen zu den einzelnen Resilienzkriterien schon eine gute Gelegenheit, die Stärken Ihrer Stressresistenz wahrzunehmen und auch die Ursachen in Ihrem Denken und Handeln zu entdecken, die Sie häufiger in „Stressfallen" laufen lassen.

> → **Übung**
>
> ? *Reflektieren Sie jedes der Resilienzkriterien im Hinblick auf Ihr eigenes Denken und Handeln. Wie schätzen Sie sich selbst in jedem Kriterium ein?*
>
> *Machen Sie sich zunächst Ihre schon vorhandene Resilienzkraft bewusst. Diese sorgt oft in Ihrem Leben dafür, dass Stress an Ihnen „abperlt" – wie an einer Regenhaut. Und richten Sie dann Ihren Stress-Radar auf die weniger entwickelten Kriterien aus.*
>
> ? *Wo stecken Ihre Potenziale, Ihre versteckten Ressourcen zu mehr Stressresistenz?*
>
> *Suchen Sie sich dasjenige der weniger entwickelten Kriterien heraus, von dem Sie glauben, dass Sie hier Ihre innere Einstellung am einfachsten ändern können. Schon dadurch, dass Sie sich Ihre Haltung und deren mögliche Konsequenzen auf Ihr Stressempfinden bewusst machen, kann sich manches ändern.*

Die Übungen und Hinweise, die Sie in jedem Abschnitt zu den einzelnen Resilienzkriterien gefunden haben, sollen Ihnen helfen, neue Perspektiven zu entwickeln.

Probieren Sie es aus, es lohnt sich! Wenn es Ihnen schwerfällt, ein solches Thema alleine anzugehen, könnte es für Sie hilfreich sein, sich hierfür Unterstützung von einem erfahrenen Coach einzuholen.

6.3 Mit Meditation zu mehr Stressresistenz

6.3.1 Was ist Meditation?

Meditation „... führt zu einer extrem verfeinerten Wahrnehmung, ob ein Gedanke oder ein Gefühl negativ ist oder nicht, ob er bzw. es der Wirklichkeit entspricht oder auf einer völlig verdrehten Wahrnehmung der Realität beruht." (Singer, Wolf / Ricard, Matthieu: Hirnforschung und Meditation. Ein Dialog, Frankfurt 2008, S. 45)

Wir denken an jedem Tag 40.000–60.000 Gedanken, viele davon drehen sich um ein „Hätte ich doch …" oder „Könnte ich nur …". Wir sorgen uns um die Vergangenheit oder „nexten" über das, was passieren könnte (siehe Kapitel 4.4). Jeder unserer Gedanken verursacht eine biochemische Reaktion in unserem Gehirn – es werden Neurotransmitter (Botenstoffe) freigesetzt, die bestimmte Gefühle und Körperreaktionen auslösen. Denken Sie dazu bspw. an die zuvor erzählte Geschichte mit Mark Twain und seinem Schuh, mit dem er statt der Fensterscheibe den Zimmerspiegel zerbrach.

In Kapitel 3 haben Sie bereits erfahren, welchen maßgeblichen Einfluss unsere Gedanken und die Art, wie wir unser Gehirn gebrauchen, auf die Struktur unseres Gehirns haben. Durch das immer während Wiederholen desselben Gedankens (bspw. Sorgen-Gedanken) verstärken wir die betreffenden neuronalen Muster in unserem Gehirn und bauen diese „Gedankenautobahn" aus. So können wir uns im Laufe unseres Lebens durch unser Denken immer mehr auf gestresst „programmieren". Doch genauso können wir unsere Stress auslösenden Gedanken identifizieren, sie dann unterbrechen und uns bewusst dafür entscheiden, einen neuen, stärkenden oder beruhigenden Gedanken zu denken. Wiederholen wir das, lassen wir unsere alten „Gedankenautobahnen" langsam immer mehr verwittern und erbauen neue „Ruhe- und Gelassenheitsstraßen" (siehe Kapitel 3.2. und 3.3).

Wie schon erwähnt bezeichnete Buddha unseren Geist als „monkey mind". Achtsamkeit ist ein äußerst erfolgreiches Mittel zur Zähmung unseres „monkey mind". Denn Achtsamkeit lenkt unsere Aufmerksamkeit gezielt auf den gegenwärtigen Augenblick. Sie trainiert die urteilsfreie Wahrnehmung dessen, was in diesem gegenwärtigen Augenblick geschieht, und verhilft dazu, sich immer mehr von seinen (Stress auslösenden) Gedanken und Gefühlen zu lösen, sich von ihnen zu „de-identifizieren". Das Sich-Sorgen über Vergangenes oder Zukünftiges sowie Gefühle von Hoffnungslosigkeit oder Fremdbestimmung sind im gegenwärtigen Augenblick nicht möglich. Dadurch entsteht Entspannung in Ihren Gedanken, in Ihren Gefühlen und in Ihrem Körper. Die Meditation ist die „Königsdisziplin" der Achtsamkeit.

MEDITATION IST DAS ZUR-RUHE-BRINGEN DER GEDANKEN IM GEIST.

Dies geschieht über die Konzentration auf den gegenwärtigen Augenblick – oft mithilfe eines Meditationsobjektes. Beispiele hierfür sind der Atem, ein Gebet, ein Mantra (Klangsilbe oder kurze Wortfolge), ein Koan (paradoxes Rätsel), ein Bild oder auch eine Kerze. In manchen Meditationspraktiken steht nicht allein die Ruhe im Geist und das Auflösen der Gedanken im Vordergrund; der Fokus liegt hier auf der Entwicklung bestimmter innerer Haltungen wie Mitgefühl, Mitfreude, liebende Güte oder innerer Frieden. Diese Qualitäten werden in vielen buddhistischen Traditionen als Grundlage des menschlichen Glücks angesehen.

Bild des Mount Kailash (heiliger Berg in Tibet) – ein kraftvolles Meditationsobjekt (Yury Bolotov, Fotolia.com)

Fast jeder Kulturkreis verfügt über eine Meditationstradition: Das jahrtausendealte indische Wissen über Yoga mit Meditation, philosophischen Aspekten und körperlichen Übungen genauso wie die buddhistischen Traditionen mit ihren unterschiedlichen Ausprägungen im Zen-Buddhismus, tibetischen Buddhismus und in der Vipassana-Tradition. Auch in unserer westlichen Kultur finden sich vergleichbare Praktiken wie das christliche Gebet bzw. die Lehre der Kontemplation, die u.a. von dem Theologen und Philosophen Eckhart von Hochheim, genannt „Meister Eckhart" im Mittelalter geprägt wurde.

Unabhängig von der spezifischen Herkunft senkt Meditation nachweislich den Blutdruck, verlangsamt die Atmung, beruhigt den Herzschlag und baut Muskelverspannungen ab. Als Entspannungsmethode gleicht sie damit belastende Situationen wirksam aus und führt so zu einem besseren Umgang mit Stress. Darüber hinaus verbindet Meditation bei regelmäßigem Praktizieren tiefe körperliche Entspannung mit hoher geistiger Wachheit. Das tägliche Üben führt zu einer Veränderung der Prozesse und Strukturen im Gehirn hin zu höherer Stressresistenz und mehr Gelassenheit.

Die im vierten Kapitel beschriebenen Achtsamkeitsübungen und -tipps sind sehr gute Vorübungen zur Meditation. Wenn Sie damit gute Erfahrungen gemacht haben und Ihnen diese Art der gedanklichen Entspannung Freude bereitet, kann Meditation für Sie das passende Mittel sein, um Sie von innen heraus nachhaltig zu stärken.

➜ Tipp:

Es empfiehlt sich, Meditation mit Anleitung durch einen erfahrenen Meditationslehrer zu erlernen. Dazu können Sie sich zum Beispiel wöchentlichen Meditationstreffen in Ihrer Nähe anschließen; in vielen Städten bie-

ten Yoga-Schulen oder auch Schulen unterschiedlicher buddhistischer Traditionen regelmäßige Meditationssitzungen an. Wenn Sie das Erlernen der Meditation lieber mit einer Auszeit für sich verbinden wollen, können Sie auch ein Meditationsseminar besuchen (bspw. in den Yoga-Vidya-Seminarhäusern – www.yoga-vidya.de, im Waldhaus am Laacher See – www. buddhismus-im-westen.de oder auch in einem christlichen Kloster mit Meditationsangeboten). Ob im Wochenkurs oder im Seminar – in der Regel steht das Erlernen und Praktizieren der Meditation im Vordergrund, wenn Sie darüber hinaus religiöse oder philosophische Fragen haben, wird man Ihnen diese sicher gerne beantworten, dies kann, muss aber nicht Teil des Programms sein. Fragen Sie einfach nach und schauen Sie, was Sie interessiert!

6.3.2 Meditation und Hirnforschung

Bis vor einigen Jahren haben die meisten Menschen die Meditation als rein religiöse oder zumindest spirituelle Praxis angesehen. Seit Beginn dieses Jahrtausends hat sich diese Perspektive durch das Interesse der Wissenschaften an Auswirkungen der Meditation geändert. Mithilfe modernster Untersuchungsmethoden konnten Hirnforscher in vielen Studien den positiven Einfluss der Meditationspraxis auf das Gehirn eines Menschen und damit auf seine Fähigkeit zu Gelassenheit, Ruhe und innerer Kraft im täglichen Leben nachweisen. Die 2004 veröffentlichte Studie des Psychologen Richard Davidson, University of Wisconsin, USA, kann hierzu als Pionierarbeit angesehen werden. Davidson untersuchte die Gehirnströme von buddhistischen Mönchen mittels eines Elektroenzephalogramms (EEG), während sie meditierten. Hierbei wird die elektrische Aktivität des Gehirns durch auf der Kopfhaut befestigte Elektroden gemessen. Die Ergebnisse zeigten erstmals die Auswirkungen der Meditation von langjährigen Meditationsexperten auf ihre Gehirne: Die so genannten Gammawellen waren außerordentlich stark, nämlich bis zu 30-mal stärker als bei Gehirnmessungen von gewöhnlichen Menschen. Diese Hirnwellen zeigen die Synchronisation der Hirnaktivität und treten typischerweise in Erscheinung, wenn neue neuronale Verknüpfungen hergestellt werden. Eine erhöhte Gammaschwingung führt zu einer Verbesserung der Kommunikation der mit einer Wahrnehmung verbundenen Hirnareale und damit zu einer schnelleren Informationsverarbeitung. Eine dermaßen hohe Gammawellenaktivität wird als Zeichen außergewöhnlich stabiler Konzentration angesehen und mit kognitiven Höchstleistungen in Verbindung gebracht.

Meditierende können ihre Aufmerksamkeit wesentlich besser fokussieren, gleiten viel weniger in Sorgen- und Stressgedanken ab und können ihre Gefühle souveräner steuern als Nicht-Meditierende.

Einer der Probanden dieser Studie war der Molekularbiologe Matthieu Ricard, heute ein Meditationsexperte, der vor fast 40 Jahren buddhistischer Mönch im Himalaja wurde. Matthieu Ricard unterstützt seitdem durch Diskussionen mit Hirnforschern (oft gemeinsam mit dem Dalai Lama) und Teilnahme an wissenschaftlichen Studien die Forschung in ihrem Bestreben, die Auswirkungen von Meditation auf das menschliche Gehirn „sichtbar" zu machen. Bspw. trat er zusammen mit einem der weltweit führenden Hirnforscher Wolf Singer, bis 2011 Direktor des Max-Planck-Instituts in Frankfurt am Main, in einen schriftlichen Dialog über „Meditation und Hirnforschung", der 2008 veröffentlicht wurde (Singer, Wolf / Ricard, Matthieu: Hirnforschung und Meditation. Ein Dialog, Frankfurt 2008).

Mittlerweile weiß man, dass nicht nur jahrzehntelanges Meditieren positive Auswirkungen auf die Stressresistenz eines Menschen hat, sondern dass schon wenige Wochen täglicher Meditationspraxis für einen besseren Umgang mit Stress sorgen.

Die yogaerfahrene deutsche Neuropsychologin Britta Hölzel forscht u.a. am Massachusetts General Hospital und an der Harvard Medical School, USA. Die Ergebnisse einer mit ihrer Kollegin Sara Lazar 2011 veröffentlichten Studie an Meditationsanfängern zeigen, dass Auswirkungen auf das Gehirn sogar schon nach wenigen Wochen Meditationspraxis messbar sind. Die Probanden durchliefen ein achtwöchiges Programm zur Achtsamkeitsmeditation. Vor und nach dem Programm wurden die Hirnstrukturen der Probanden mittels der funktionellen Magnetresonanztomografie (fMRT) gescannt. Hierbei wurde unter anderem eine vermehrte Dichte der grauen Substanz im Hippocampus festgestellt. In dieser Region im limbischen System werden neue Nervenzellen gebildet (Neurogenese). Der Hippocampus spielt darüber hinaus eine wichtige Rolle für Lernen und Erinnern. Die Zunahme der grauen Substanz in den Gehirnen der Probanden während des Meditationsprogramms legt die Erkenntnis nahe, dass durch Meditation die Anzahl regenerierter und neuer Nervenzellen ansteigt und sich somit die kognitive Belastbarkeit erhöht. Gleichzeitig wurde ein Substanzabbau in der Amygdala beobachtet, der mit einem verminderten Stresserleben in Verbindung zu bringen ist.

Neuropsychologisch gibt es einen engen Zusammenhang zwischen dem, was der Psychologe und Glücksforscher Mihaly Csikszentmihalyi als Flow-Erlebnis (vgl. Kapitel 1) beschreibt, mit dem, was Meditation ausmacht. Beide kennzeichnen sich durch eine Kontrolle der Gedanken, durch „Ordnung im Bewusstsein". Fühlen wir uns im Fluss (Flow), rastet unser Bewusstsein sozusagen in der Gegenwart ein, unser Erleben findet unmittelbar statt – ungefiltert, unkommentiert und unbewertet. Das entspricht genau der Definition von Achtsamkeit. Achtsamkeitsübungen im Allgemeinen und Meditation im Speziellen sind wahrscheinlich die ältesten systematischen Wege zur Flow-Erfahrung, so wie Csikszentmihalyi sie heute beschreibt.

„Ebenso wie du die Muskeln entspannst nach bestimmten Körperstellungen, kann der Mensch den Geist entspannen durch Konzentration und Meditation."
(Swami Sivananda)

6.4 Neue Gewohnheiten zu mehr Stressresistenz – wie geht das?

In Kapitel 3.4 haben Sie bereits das Bild vom Elefanten und dem Reiter kennen gelernt und erfahren, wie Sie den unbewussten Teil Ihres Gehirns (Elefant) davon überzeugen können, mit Ihnen in einem Veränderungsprozess in die gewünschte Richtung zu gehen. Wie dort beschrieben haben die Brüder Chip und Dan Heath dieses von Jonathan Haidt kreierte Bild in ihrem Buch „Switch – How to change things when change is hard" weiterentwickelt. In diesem Abschnitt finden Sie nun auf Basis der Erkenntnisse der Brüder Heath, neben den Anregungen zum Umgang mit Ihrem Elefanten, weiter gehende Empfehlungen zur Steuerung des bewussten Teils Ihres Gehirns (Reiter) sowie zur Schaffung der geeigneten Rahmenbedingungen für Ihren persönlichen Veränderungsprozess hin zu einer höheren Stressresistenz. Diese Anregungen sollen Sie dabei unterstützen, Ihre neuen und stärkenden Denk- und Handlungsgewohnheiten erfolgreich und mit Freude umzusetzen.

Motivieren Sie Ihren Elefanten (vgl. Kapitel 3.4)	
1. Verbinden Sie die angestrebte Veränderung mit einer positiven Emotion	Es ist nicht genug zu wissen, dass Sie sich etwas Gutes tun, wenn Sie Ihre Gedanken und Ihr Verhalten hin zu mehr Stressresistenz ändern, Sie müssen es fühlen. Dazu ist besonders wichtig, dass Sie Freude an der Veränderung haben. Positive Emotionen als innere Belohnung sind Voraussetzung für Lernen. Positive Botenstoffe (Dopamine und Endorphine) wirken wie Dünger für das Gehirn und unterstützen damit sehr die gewünschte Veränderung. Verbinden Sie also den Willen, den es braucht, um die neu gelegten neuronalen Verknüpfungen zu Autobahnen wachsen zu lassen, mit dem Spaß daran, etwas Neues zu erleben. Erfreuen Sie sich zum Beispiel daran, wie gut Ihnen eine Probestunde in einer Entspannungstechnik getan hat oder wie frei Sie sich fühlen, wenn Sie es zum ersten Mal geschafft haben, mit kraftvolleren Gedanken an eine bevorstehende Aufgabe heranzugehen.
2. Machen Sie kleine Veränderungsschritte	Machen Sie die Veränderungsschritte so klein, dass Sie den Elefanten nicht verängstigen und ihm so keine Chance lassen, Ausreden zu erfinden. Setzen Sie die Ziele so realistisch, dass Ihr Vorhaben Ihnen Erfolgserlebnisse ermöglicht. Es nutzt gar nichts, sich nach dieser Lektüre einen vollgestopften Anti-Stress-Plan zu machen. Erstens werden Sie dabei sicher keinen Spaß entwickeln und zweitens ist die Hürde, Ihr Ziel zu erreichen, viel zu hoch. Achten Sie auf das Machbare. Die neuen Maßnahmen brauchen Regelmäßigkeit. Entscheiden Sie sich zunächst für die Maßnahme, die Ihnen als besonders attraktiv erscheint (Ihnen die höchste innere Belohnung verspricht). Dann probieren Sie diese aus und wenn sie Ihnen gefällt, beginnen Sie diese neue Maßnahme in Ihr Leben zu integrieren. Wenn Sie merken, dass Sie sich zu viel vorgenommen haben, verkleinern Sie Ihr Vorhaben nochmals, aber bleiben Sie dran!

3. Verinnerlichen Sie Ihr Wachstum	Überdenken Sie Ihren „mindset" (vgl. „fixed" und „growth mindset", Kapitel 3.1) und machen Sie sich Ihre Wachstumsmöglichkeiten bewusst. Entscheiden Sie sich für ein neues Selbstbild, bspw. „Ich bin der regelmäßige Jogger" oder „Ich bin ein Mensch, der gut für sich sorgt" und machen Sie sich dieses neue Selbstbild immer wieder in Ihren Gedanken bewusst. Das Idealbild Ihrer eigenen Person, das Sie dabei entwerfen, ist von großer Bedeutung für Ihre Zielerreichung.
	Akzeptieren Sie Rückschläge oder „Fehler" als notwendige Schritte auf Ihrem Entwicklungsweg. Trauen Sie sich, Fehler zu machen, und lernen Sie daraus. So werden Sie bei dem, was Sie tun, immer besser werden.

Dirigieren Sie Ihren Reiter	
1. Folgen Sie Ihren Erfolgen und Ihren Vorbildern	Suchen Sie sich Ihre kleinen Erfolgserlebnisse und machen Sie sich diese immer wieder bewusst. Führen Sie bspw. ein Erfolgstagebuch und schreiben Sie jeden Abend hinein, wo und wie es Ihnen heute gelungen ist, gelassener mit Situationen umzugehen, die Ihnen früher Stress bereitet haben. Suchen Sie sich ein Vorbild, jemanden, der eine ähnliche Veränderung erfolgreich durchlaufen hat. Wie hat er oder sie das geschafft? Was von diesen Erfahrungen können Sie für sich selbst nutzen?
2. Machen Sie sich einen konkreten Maßnahmenplan	Denken Sie nicht in Phrasen wie „ich will gelassener sein" oder „ich will weniger Stress haben". Machen Sie sich einen Plan, welche Maßnahmen Sie konkret wann und wie umsetzen wollen. Denken Sie dabei an Ihren Elefanten und setzen Sie sich Ziele, die Ihnen auch Erfolgserlebnisse ermöglichen. Bis wann wollen Sie eine fühlbare Veränderung erreicht haben? Woran merken Sie, dass diese Veränderung eingetreten ist? Je klarer Ihre Planung und auch Ihre Messbarkeit der Zielerreichung ist, desto leichter wird es für Sie,

	einerseits am „Ball zu bleiben" und andererseits, Ihre kleinen und großen Erfolge bewusst wahrzunehmen und sich dafür zu belohnen.
3. Behalten Sie das Ziel im Auge	Stellen Sie sich immer wieder vor, wie es Ihnen gehen wird, wenn Sie einen großen Schritt des Weges gegangen und stressresistenter geworden sind. Denken Sie an Vorbilder, die auch in „Sturmzeiten" Ruhe ausstrahlen, und malen Sie sich in Ihren Gedanken aus, wie Sie selbst so ein „Fels in der Brandung" sind. Sie können Ihr Ziel auch durch ein gemaltes Bild visualisieren und es an einen Platz hängen, wo Sie es immer wieder sehen und das gute Gefühl dazu hervorholen können. Sie wissen ja nun, dass die Vorstellung einer Sache dieselben inneren Prozesse auslöst wie das tatsächliche Sein oder Tun.

Schaffen Sie geeignete Rahmenbedingungen	
1. Verändern Sie Ihre Umgebung	Verändern Sie Ihre Umgebung so, dass sie die Umsetzung Ihrer Vorhaben unterstützt. Wenn Sie bspw. meditieren oder Yoga-Übungen ausführen wollen, dann schaffen Sie sich einen festen Platz dafür oder – wenn der Raum begrenzt ist – legen Sie das Meditationskissen so vor Ihr Bett, dass Sie morgens als Erstes daran denken. Wenn Sie mehr Wasser trinken wollen, stellen Sie sich morgens eine große Flasche auf den Schreibtisch und trinken Sie diese über den Tag aus. Wenn abends noch etwas in der Flasche enthalten ist, leeren Sie diese, bevor Sie vom Schreibtisch aufstehen. Oder wenn Sie abends nach der Arbeit zum Sport gehen wollen, nehmen Sie die fertig gepackte Sporttasche mit zur Arbeit und stellen diese so bereit, dass Sie die Tasche gar nicht übersehen können, wenn Sie Ihre Arbeit beenden.
2. Bilden Sie Rituale	Lassen Sie mithilfe der Regelmäßigkeit feste Rituale entstehen. Setzen Sie Ihre Vorhaben zu gewissen Zeiten an gewissen Tagen um und planen Sie diese fest in Ihren Zeitplan ein. Oftmals ist es leichter, eine Sache jeden Tag 10 Minuten zu tun,

	als sich zweimal pro Woche dafür eine Stunde einzuplanen – und es dann vielleicht doch nicht zu schaffen. Wenn Ihre Arbeitszeit es nicht zulässt, Ihre gewünschten Aktivitäten durchgängig an bestimmten Tagen zu planen, dann machen Sie sich am Wochenende einen festen Plan für die kommende Woche. Planen Sie regelmäßige Termine auch in Ihrem (elektronischen oder manuellen) Kalender fest ein. Wenn Kollegen oder Vorgesetzte diesen auch einsehen können, geben Sie diesem Kalenderpunkt bei Bedarf eine Überschrift, für die Sie sich nicht vor anderen rechtfertigen müssen.
3. Suchen Sie Verbündete	Suchen Sie sich Menschen, die auf einem ähnlichen Weg sind. Es ist viel schwerer, jemandem zum Joggen oder zu einer Yoga-Stunde abzusagen, als nur sich selbst „zu versetzen". Zudem ist der Spaßfaktor oftmals höher, wenn das Vorhaben noch mit dem Kontakt zu einem netten Menschen verbunden ist.
	Verstärken Sie Ihr eigenes Commitment zu Ihren Vorsätzen, indem Sie darüber sprechen, was genau Sie wann und wie tun wollen. Führen Sie diese Gespräche am besten mit einem Menschen, der Ihnen wichtig ist und vor dem es Ihnen vielleicht auch ein bisschen unangenehm ist, wenn Sie zugeben müssten, bisher nichts für die Erreichung Ihres Ziels getan zu haben. Und erzählen Sie auch von Ihren Fortschritten und Erfolgserlebnissen auf Ihrem Weg.

Konzentrieren Sie sich zunächst auf eine für Sie besonders wichtige Gewohnheit, die Sie mithilfe der oben beschriebenen Empfehlungen verändern wollen! Mittlerweile weiß man, dass schon die Veränderung einer wichtigen Gewohnheit oft viele weitere Veränderungen in die gewünschte Richtung nach sich zieht. Der amerikanische Wissenschaftsjournalist Charles Duhigg leitet in seinem erst kürzlich erschienenen Buch „The Power of Habit" her, wie die Veränderung einer vom ihm als „keystone habit" bezeichneten Schlüsselgewohnheit umfassende Auswirkungen auf andere Gewohnheiten im Leben haben kann.

> Als Beispiel dafür beschreibt er die Entscheidung einer Probandin namens Lisa, mit dem Rauchen aufzuhören, um so gesünder zu leben. Dafür begann sie, sehr regelmäßig zu joggen. Diese Veränderung zog weitere Verhaltensänderungen in ihrem Leben nach sich: Sie aß, schlief und arbeitete anders. Dadurch veränderte sich ihre Tages- und Wochenplanung und sie begann, anders über ihre Zukunft zu denken. Die anfängliche Veränderung dieser „keystone habit", mit dem Rauchen aufzuhören und stattdessen etwas für ihre Gesundheit zu tun, zog immer größere Kreise, veränderte Perspektiven und Prioritäten in Lisas Leben. Hirnforscher hatten Lisas Gehirn vor und einige Monate nach ihrer Entscheidung untersucht. Dabei stellten Sie fest, dass Teile der alten neuronalen Muster durch neue neuronale Muster „überschrieben" worden waren, sich also neue Gedankenautobahnen in ihrem Gehirn gebildet hatten!
>
> Eine meiner Klientinnen, die im Außendienst arbeitet, erlebte ähnliche Auswirkungen durch eine entscheidende Veränderung, die sie in ihrem Leben vornahm. Um ihren Stress zu reduzieren, machte sie es sich zur neuen Gewohnheit, jeden Tag mindestens zehn Minuten spazieren zu gehen. Nach einigen Wochen berichtete sie mir stolz und glücklich, nicht nur, wie schön es sei, wieder die Natur in ihrer jahreszeitlichen Veränderung zu erleben, sondern auch, dass sie nun mehr Pausen mache, sogar andere (Kollegen und Kunden) zum Spazierengehen animiere, ihr Umsatz in die Höhe gegangen sei und sie einfach wieder viel mehr Spaß an der Arbeit habe. Schon diese eine Veränderung hatte ihre Perspektive auf viele andere Dinge in ihrem Leben verändert und ihr auch dort neue Denk- und Handlungsoptionen eröffnet.

Wie Sie wissen, verändern neue Gewohnheiten auch die Strukturen und Prozesse in unserem Gehirn und stärken so die Kraft dieser neuen Gewohnheit. Leider gibt es in diesem Kreislauf auch einen Haken, den Sie kennen sollten. Unsere alten Gewohnheiten werden zwar wie oben erläutert zum großen Teil durch neue neuronale Muster „überschrieben" und lassen sich somit immer weniger leicht aktivieren, sie sind aber nie ganz verschwunden. Gewohnheiten werden im Gehirn in den so genannten „Basalganglien" oder auch „Basalkernen" abgelegt. Hierbei handelt es sich um Nervenzellkörper, die unterhalb der Großhirnrinde angesiedelt sind und sowohl mit dem Großhirn, dem limbischen System als auch dem Hirnstamm verbunden sind. Die Basalkerne sind unter anderem mit am Treffen von Entscheidungen beteiligt. Durch einen entsprechenden Auslösereiz können die so archivierten Gewohnheiten wieder aktiv werden. Genauso, wie wir das einmal erlernte Fahrradfahren nicht mehr verlernen und auch nach Jahren der „Fahrrad-Entsagung" sofort wieder losfahren können, sobald wir die Pedale unter unseren Füßen spüren, können wir also auch wieder in alte Denkmuster zurückverfallen.

Unser Schutzmechanismus davor, alte Gewohnheiten, von denen wir uns bewusst gelöst haben, erneut zu aktivieren, ist die Achtsamkeit, mit der wir unsere inneren Prozesse wahrnehmen. Durch die Übungen in diesem Buch haben Sie Ihre Stress auslösenden Gedanken sowie Ihre inneren Frühwarnsignale auf der Körper- und der Gedankenebene kennen gelernt. Sie haben neue, stärkende Routinen und Denkansätze gefunden und werden diese sicher bald erfolgreich in Ihr Leben integriert haben. Nun kann eine bestimmte Veränderung in Ihrem Leben dazu führen, dass Ihre alten Denk- und Handlungsmuster Sie erneut „verführen" wollen. Eine solche Veränderung kann bspw. der neue Job sein, in dem Sie Ihren neuen Chef oder die Kollegen von Ihren Fähigkeiten überzeugen wollen, oder auch neue private Lebensumstände wie bspw. ein neuer Partner oder die Geburt eines Kindes.
Solange Sie jedoch achtsam mit sich selbst bleiben und so Ihre gedanklichen und körperlichen Frühwarnsignale erkennen, behalten Sie die Kontrolle über das, was Sie tun. Sie entscheiden selbst, ob Sie auf Ihren Weg bleiben oder sich von alten Mustern beeinflussen lassen.

ACHTSAMKEIT IST IHR BESTER SCHUTZ DAVOR, IN ALTE GEWOHNHEITEN ZURÜCKZUVERFALLEN!

Literaturverzeichnis

(1) Einleitung

→ Baumgart, Dietrich: Mut zur Gesundheit, Köln 2009
→ Csikszentmihalyi, Mihaly: Flow – Das Geheimnis des Glücks, Stuttgart 2008
→ Degener, Margret / Hütter, Heinz: Raus aus dem Zeitstress, Berlin 2010
→ Engelbrecht, Sigrid: Tanz mit dem Säbelzahntiger, Zürich 2009
→ Esch, Tobias: Die Neurobiologie des Glücks, Stuttgart 2012
→ Nelting, Manfred: Burnout – Wenn die Maske zerbricht, München 2010
→ Roth, Gerhard: Bildung braucht Persönlichkeit, Stuttgart 2011
→ Servan-Schreiber, David: Die neue Medizin der Emotionen, München 2006
→ Wendt, Natascha / Ensle, Michael: Stress- und Burn-out-Prävention, Wien 2009

(2) Regeln verstehen

→ Baars, Bernard / Gage, Nicole: Cognition, Brain, and Consciousness, London 2007
→ Carter, Rita: Das Gehirn, München 2010
→ Dispenza, Joe: Schöpfer der Wirklichkeit, Zürich 2010
→ Engelbrecht, Sigrid: Tanz mit dem Säbelzahntiger, Zürich 2009
→ Lötscher-Gugler, Hedy: Das Daumen-hoch-Prinzip, Ulm 2009
→ Niedenthal, Paula et al.: Embodying Emotion, in: Science 2007, Vol. 316, no. 5827, pp. 1002–1005, DOI: 10.1126/science.1136930
→ Scheier, Christian / Held, Dirk: Was Marken erfolgreich macht, München 2007
→ Swaab, Dick: Wir sind unser Gehirn, München 2011

(3) Anatomie der Gedanken

→ Aamondt, Sandra / Wang, Samuel: Welcome to your brain, München 2008
→ Baars, Bernard / Gage, Nicole: Cognition, Brain, and Consciousness, London 2007
→ Carter, Rita: Das Gehirn, München 2010
→ Csikszentmihalyi, Mihaly: Flow – Das Geheimnis des Glücks, Stuttgart 2008
→ Dispenza, Joe: Schöpfer der Wirklichkeit, Zürich 2010
→ Dweck, Carol S.: Mindset – the new psychology of success, New York 2008
→ Esch, Tobias: Die Neurobiologie des Glücks, Stuttgart 2012
→ Haidt, Jonathan: Die Glückshypothese, Freiburg 2009
→ Heath, Chip / Heath, Dan: Switch – How to change things when change is hard, London 2010
→ Hüther, Gerald: Bedienungsanleitung für ein menschliches Gehirn, Göttingen 2009
→ Hüther, Gerald: DEM SINN LEBEN GEBEN. Vortrag anlässlich des Kongresses zum 100. Geburtstag von Viktor E. Frankl, St. Virgil, Salzburg 2005
→ Kandel, Eric: Auf der Suche nach dem Gedächtnis, München 2006
→ Seligman, Martin: Der Glücks-Faktor, Köln 2011
→ Servan-Schreiber, David: Die neue Medizin der Emotionen, München 2006

→ Swaab, Dick: Wir sind unser Gehirn, München 2011

(4) Diagnose der Stressmuster

→ Baumgart, Dietrich: Mut zur Gesundheit, Köln 2009
→ Bucher, Otmar: Kopfwelten, Zürich 2010
→ Dispenza, Joe: Schöpfer der Wirklichkeit, Zürich 2010
→ Esch, Tobias: Die Neurobiologie des Glücks, Stuttgart 2012
→ Eßwein, Jan Thorsten: Achtsamkeitstraining, München 2011
→ Frith, Chris: Wie unser Gehirn die Welt erschafft, Heidelberg 2010
→ Gilbert, Dan: Ins Glück stolpern, München 2008
→ Gunaratana, Mahathera Henepola: Die Praxis der Achtsamkeit, Heidelberg 1996
→ Hüther, Gerald: Bedienungsanleitung für ein menschliches Gehirn, Göttingen 2009
→ Kälin, Karl / Mürli, Peter: Sich und andere führen, Bern 2005
→ Kinslow, Frank: Quantenheilung erleben, Freiburg 2010
→ Klein, Nicolaus: Meditation, München 2005
→ Lehrhaupt, Linda / Meibert, Petra: Stress bewältigen mit Achtsamkeit, München 2010
→ Michalko, Michael: Thinkertoys, Berkeley 2006
→ Rinpoche, Sogyal: Das tibetische Buch vom Leben und Sterben, München 2010
→ Schlegel, Leonhard: Handwörterbuch der Transaktionsanalyse, Freiburg 2002
→ Weiss, Halko / Harrer, Michael /Dietz, Thomas: Das Achtsamkeitsbuch, Stuttgart 2010

(5) Ausgleich schaffen

→ Baumgart, Dietrich: Mut zur Gesundheit, Köln 2009
→ Bretz, Sukadev: Das Yoga Vidya Asana-Buch, Bad Meinberg 2004
→ Engelbrecht, Sigrid: Tanz mit dem Säbelzahntiger, Zürich 2009
→ Esch, Tobias: Die Neurobiologie des Glücks, Stuttgart 2012
→ Eßwein, Jan Thorsten: Achtsamkeitstraining, München 2011
→ Klein, Nicolaus: Meditation, München 2005
→ Lehrhaupt, Linda / Meibert, Petra: Stress bewältigen mit Achtsamkeit, München 2010
→ Lötscher-Gugler, Hedy: Das Daumen-hoch-Prinzip, München 2009
→ Pajonk, Dirk: Entspannt gewinnt, Hamburg 2009
→ Swami Satyananda Saraswati: Asana Pranayama Mudra Bandha, Köln 2003
→ Swami Sivananda: Göttliche Erkenntnis, München 2003
→ Weiss, Halko / Harrer, Michael / Dietz, Thomas: Das Achtsamkeitsbuch, Stuttgart 2010

(6) Resistenz stärken

→ Aamondt, Sandra / Wang, Samuel: Welcome to your brain, München 2008
→ Antonovsky, Aaron: Salutogenese. Zur Entmystifizierung der Gesundheit, Tübingen 1997

→ Ariely, Dan: Wer denken will, muss auch fühlen, München 2012
→ Brahm, Ajahn: Die Kuh, die weinte. Buddhistische Geschichten über den Weg zum Glück, München 2007
→ Carter, Rita: Das Gehirn, München 2010
→ Dispenza, Joe: Schöpfer der Wirklichkeit, Zürich 2010
→ Duhigg, Charles: The Power of Habit. Why we do what we do in Life and Business, New York 2012
→ Esch, Tobias: Die Neurobiologie des Glücks, Stuttgart 2012
→ Haidt, Jonathan: Die Glückshypothese, Freiburg 2009
→ Heath, Chip / Heath, Dan: Switch – How to change things when change is hard, London 2010
→ Hölzel, Britta u.a.: Mindfulness practice leads to increases in regional brain gray matter density, in: Psychiatry Research, 2011, Vol. 191, S. 36–43
→ Nuber, Ursula: So meistern Sie jede Krise – das Konzept „Resilienz", in: Psychologie heute, Mai 1999, S. 20–27
→ Ott, Ulrich: Meditation für Skeptiker, München 2010
→ Reivich, Karen / Shatté, Andrew: The Resilience Factor. 7 Keys to Finding Your Inner Strength and Overcoming Life's Hurdles, 2003
→ Rentschler, Rabea: Am Leben wachsen, in: Gehirn und Spektrum, Nr. 3/2010, S. 46–50
→ Rytina, Susanne / Marschall, Joachim: Gegen Stress geimpft, in: Gehirn und Spektrum, Nr. 3/2010, S. 51–55
→ Schlegel, Leonhard: Handwörterbuch der Transaktionsanalyse, Freiburg 2002
→ Seligman, Martin: Der Glücks-Faktor. Warum Optimisten länger leben, Köln 2011
→ Singer, Wolf / Ricard, Matthieu: Hirnforschung und Meditation. Ein Dialog, Frankfurt am Main 2008
→ Thaler, Richard / Sunstein, Cass: Nugde. Improving decisions about health, wealth and happiness, London 2009
→ Weiss, Halko / Harrer, Michael / Dietz, Thomas: Das Achtsamkeitsbuch, Stuttgart 2010
→ Wise, Anna: The High-Performance Mind, New York 2004

Stichwortverzeichnis

Die Autorin

Jennifer Leonhardt, Jahrgang 1969, ist Dipl.-Kauffrau und beschäftigt sich beruflich seit Mitte der 90er-Jahre mit der Entwicklung von Menschen und Organisationen. Zunächst war sie über 13 Jahre im Bereich Human Resources, Personal- und Organisationsentwicklung in internationalen Konzernen tätig, die letzten Jahre als Director Human Resources. Dann machte sie sich 2008 als Geschäftsführerin von „Leonhardt – management & human development" selbstständig.

In dieser Funktion berät und unterstützt Frau Leonhardt als Executive Coach und HR-Consultant Menschen und Organisationen in den Bereichen:

- → Stressbewältigung und Resilienz
- → Wirkungsvolle, stressfreie Kommunikation
- → Führungskompetenz, resiliente Führung
- → Karriere- und Personalentwicklung
- → Change-Management

Als Stressbewältigungs- und Resilienzexpertin arbeitet Frau Leonhardt auf Basis der von ihr entwickelten StressRadar®-Programme mit Einzelpersonen, Gruppen, Teams und Unternehmen am Aufbau einer höheren Stressresistenz. Die Kompetenz, mit Stress erfolgreich umgehen zu können, ist für Frau Leonhardt ein Schlüsselfaktor für erfolgreiches Management und eine gesunde Unternehmenskultur.

Jennifer Leonhardt ist zudem ausgebildete Lehrerin für Yoga und Meditation und beschäftigt sich seit über 20 Jahren mit unterschiedlichen Entspannungstechniken.

Ihre Kunden schätzen sie für ihre Klarheit gepaart mit einem hohen Einfühlungsvermögen, pragmatischer Vorgehensweise und einer guten Portion Humor.

Kontakt mit der Autorin
Wenn Sie mehr über die StressRadar®-Programme oder meine Arbeit erfahren wollen oder wenn Sie meine Unterstützung als Coach in Anspruch nehmen möchten, melden Sie sich bitte per E-Mail bei mir. Selbstverständlich freue ich mich auch über Anregungen, Feedback oder einfach Ihre Erfolgsgeschichten beim Üben mit diesem Buch.

Ihre
Jennifer Leonhardt

www.leonhardt-mhd.de
www.stressradar.de